Autoren

Ulrich Wiehle
Michael Diegelmann
Henryk Deter
Dr. Peter Noel Schömig
Michael Rolf

W0473106

100 IFRS Kennzahlen
IFRS Financial Ratios

Dictionary
Deutsch / Englisch

5. Auflage 2010 (unveränderter Nachdruck 2015)
© cometis publishing GmbH & Co. KG, Unter den Eichen 7, 65195 Wiesbaden.
Alle Rechte vorbehalten.
Cover: cometis publishing GmbH & Co. KG

Das Werk ist einschließlich aller seiner Teile urheberrechtlich geschützt. Jede Verwertung außerhalb der engen Grenzen des Urheberrechtsgesetzes ist ohne Zustimmung der cometis publishing GmbH & Co. KG unzulässig und strafbar. Dies gilt insbesondere für Vervielfältigungen, Mikroverfilmungen und die Einspeicherung oder Verarbeitung in elektronischen Systemen.

Die Wiedergabe von Gebrauchsnamen, Handelsnamen, Warenbezeichnungen usw. in diesem Werk berechtigt auch ohne besondere Kennzeichnung nicht zu der Annahme, dass solche Namen im Sinne der Warenzeichen- und Markenschutz-Gesetzgebung als frei zu betrachten wären und daher von jedermann benutzt werden dürften.

Anmerkung:
Die Rechenwege, Erläuterungen sowie Interpretationen der einzelnen Kennzahlen geben zum Teil die persönliche Einschätzung der Autoren wieder. Trotz sorgfältiger Recherche und Prüfung der Inhalte kann eine Garantie oder Haftung für die Richtigkeit oder Vollständigkeit nicht übernommen werden.

ISBN 978-3-940828-76-7

Vorwort der Autoren

Liebe Leser,

die Finanzmärkte sind seit jeher stark von der angelsächsischen Kultur geprägt. Durch die zunehmende Internationalisierung halten immer mehr Anglizismen Einzug im deutschen Wirtschaftsleben. Begriffe, wie z.B. das EBIT, Working Capital oder Cash Flow sind alltäglich geworden und das Verständnis dieser Fachbegriffe ist eine wichtige Voraussetzung für die Diskussion über die Leistungsfähigkeit von Unternehmen.

Unser Buch richtet sich daher nicht nur an den Kapitalmarkt, sondern ebenso an Banken, Wirtschaftsprüfer, Steuerberater und insbesondere auch an den Mittelstand. Die Inhalte des vorliegenden Handbuchs unterstützen Sie, Ihr Know-how über Finanzkennzahlen auch in englischer Sprache zu stärken und sich damit noch besser auf die globalisierten Kapitalmärkte vorzubereiten.

Neben einer Definition jeder Kennzahl wird deren Berechnung anhand eines Zahlenbeispiels dargestellt sowie die entsprechenden Einsatzgebiete erläutert. Durch die Gegenüberstellung der wesentlichsten Vor- und Nachteile wird jede Kennziffer einer kritischen Würdigung unterzogen. Bitte berücksichtigen Sie, dass durchaus internationale Unterschiede in der Berechnung von Kennzahlen bestehen können.

Wichtig im Umgang mit Kennzahlen ist, diese nie isoliert, sondern immer im Zeitverlauf, in der Relation zu Peer-Group-Unternehmen oder in Abhängigkeit der branchenüblichen Gegebenheiten zu betrachten. Schließlich ist die übergreifende Analyse mehrerer Indikatoren der Schlüssel dazu, Kennzahlen in ein aussagekräftiges Ergebnis zu transferieren. Hierzu liefert Ihnen das Kennzahlen-Dictionary eine wertvolle Unterstützung.

Ihre Autoren

Mailen Sie uns: **kennzahlen@cometis.de**

Author's preface

Dear readers,

the financial markets have always been influenced by the Anglo-Saxon culture. As a consequence of an increasing internationalization Anglicisms become more and more widespread in the daily business. Key words, such as EBIT, working capital or cash flow have become part of the daily business and understanding these ratios is an important prerequisite for discussing your company's performance.

Our book not only addresses the capital market, but also banks, auditors, tax accountants and especially small and mid-size businesses. It is meant to strengthen your know how with respect to financial ratios in the English language for being well-prepared for a globalized market.

For a better understanding we have added a sample calculation to each ratio's definition as well as the fields of application. A critical assessment of each financial ratio is explained by discussing both advantages and disadvantages. Please note that differences in the way of calculation may still exist, which you should be aware of.

When analyzing financial ratios, one should make sure to always compare the ratios relative to the peer-group and the industry standards, as otherwise an isolated number would have a very limited significance. Finally the key for successful research is to transfer comprehensive analysis of several indicators into a meaningful result. For this purpose the dictionary delivers a strong added value.

Your authors

E-mail us to: **kennzahlen@cometis.de**

Hinweis zur Benutzung des Handbuches

Die beschriebenen Kennzahlen haben sowohl in deutscher als auch in englischer Sprache folgende Struktur:

- Formel
- Rechenbeispiel anhand eines beispielhaften Jahresabschlusses
- Erläuterung
- Vor- und Nachteile

Hierbei finden Sie die Darstellung der Kennzahl in deutscher Sprache jeweils auf der linken Seite, die dazugehörige englische Übersetzung auf der gegenüberliegenden rechten Seite.

Alle in dem Handbuch erläuterten Kennzahlen wurden sorgfältig recherchiert. Dabei wird für jede einzelne Kennzahl die Formel verwendet, die in der Praxis und Literatur regelmäßig Anwendung findet. Gleichzeitig existieren für die Berechnung einzelner Kennzahlen unterschiedliche Ansätze (je nach Komplexität), über die sich jeder Leser des Handbuchs im Dialog mit Fondsmanagern, Wirtschaftsprüfern, Bankern oder Ratingexperten bewusst sein sollte.

Das jeweilige Rechenbeispiel ergibt sich in der Regel aus dem Jahr 2 des im Kapitel 1 beispielhaft aufgeführten IFRS-Jahresabschlusses (Bilanz, Gewinn- und Verlustrechnung und Kapitalflussrechnung). Nicht aus dem Jahresabschluss ersichtliche Informationen, die für die Rechenbeispiele notwendig sind, können der Seite 22 »Zusatzinformationen« im Anschluss an den Jahresabschluss in Kapitel 1 entnommen werden.

Der jeweilige Erläuterungstext gibt Aufschluss über die Herleitung einzelner Kennzahlen sowie deren Aussagekraft als Indikator oder aber in Verbindung mit weiteren Kennzahlen als Grundlage für eine schlüssige Interpretation der Unternehmenssituation. Die Vor- und Nachteile geben dem Leser die Möglichkeit, sich unabhängig vom Ergebnis des Rechenbeispiels kritisch mit jeder Kennzahl auseinandersetzen zu können und Sinn und Zweck der Ergebnisse zu hinterfragen.

Zu beachten ist, dass aufgrund der großen Fülle der zugänglichen Informationen weder Art und Umfang noch Inhalte der einzelnen Kennzahlen Anspruch auf Vollständigkeit besitzen.

How to use the booklet

All financial ratios described in this book have the following structure:

- Formula
- Sample calculation based on an exemplary annual report
- Explanation
- Advantages and disadvantages

The description of each financial ratio can be found in German language on the left-hand side, and on the opposite side the corresponding English translation.

Each description was thoroughly researched. Thus for each ratio we have used the formula which is regularly used in existing literature. Nevertheless there are different approaches for calculating a financial ratio (depending on the complexity), of which the user of this handbook should be aware when discussing with fund managers, auditors, bankers or rating experts.

Most of the sample calculations are based upon the year 2 of the exemplary annual report (IFRS) in chapter one (Balance Sheet, Profit & Loss, Cash Flow Statement). Information, which is necessary for the calculation but at the same time not part of the annual report can be found on page 23, section "Additional information".

The corresponding explanation sheds light on the composition of each ratio and its usefulness as an indicator for analyzing the company's performance. It is also explained which other ratios should be considered at the same time for making reasonable judgments of a company's economic situation. The advantages and disadvantages help the reader to question the whole purpose of a financial ratio, independent of the actual outcome.

Please be aware that due to the wide range of information available in the market, neither the form nor the extent of each financial ratio is exhaustive.

Inhaltsverzeichnis / Table of content

Inhaltsverzeichnis / Table of content

Inhaltsverzeichnis / Table of content

Inhaltsverzeichnis / Table of content

Kapitel / Chapter 1

Beispielhafter Jahresabschluss / Exemplary annual report

1.1 Gewinn- und Verlustrechnung

in Mio. EUR

Gewinn- und Verlustrechnung	Jahr 2	Jahr 1
Umsatz	**14.019**	**14.226**
Umsatzkosten	5.004	5.178
Bruttoergebnis	**9.015**	**9.048**
Marketing- und Vertriebskosten	6.279	6.294
Forschungs- und Entwicklungskosten	300	279
Allgemeine Verwaltungskosten	753	780
Goodwill Abschreibungen	90	90
Sonstige betriebliche Erträge	294	288
Sonstige betriebliche Aufwendungen	435	477
Betriebsergebnis (EBIT)	**1.452**	**1.416**
Zinserträge	66	78
Zinsaufwendungen	– 12	– 27
Übrige finanzielle Erträge und Aufwendungen	– 9	– 33
Ergebnis vor Steuern (EBT)	**1.497**	**1.434**
Steuern	– 594	– 564
Minderheiten	– 21	– 21
Jahresüberschuss	**882**	**849**

1.1 Income statement

in million EUR

Income statement	Year 2	Year 1
Sales	**14,019**	**14,226**
Cost of sales	5,004	5,178
Gross profit	**9,015**	**9,048**
Marketing and distribution costs	6,279	6,294
Research and development costs	300	279
Administrative expenses	753	780
Amortization of goodwill	90	90
Other operating income	294	288
Other operating expenses	435	477
Operating profit (EBIT)	**1,452**	**1,416**
Interest income	66	78
Interest expense	(12)	(27)
Other financial income and expenses	(9)	(33)
Earnings before tax (EBT)	**1,497**	**1,434**
Taxes	(594)	(564)
Minority interest	(21)	(21)
Net income	**882**	**849**

1.2 Bilanz

in Mio. EUR

Bilanz - Aktiva	Jahr 2	Jahr 1
Immaterielle Vermögensgegenstände	291	384
Sachanlagen	2.736	2.751
Finanzanlagen	66	66
Anlagevermögen	**3.093**	**3.201**
Vorräte	2.016	2.031
Forderungen aus Lieferungen und Leistungen	2.064	2.025
Sonstige Forderungen und Vermögensgegenstände	282	330
Wertpapiere und flüssige Mittel	2.526	2.166
Umlaufvermögen	**6.888**	**6.552**
Latente Steuern	84	66
Rechnungsabgrenzungsposten	69	75
Summe Aktiva	**10.134**	**9.894**

1.2 Balance sheet

in million EUR

Balance sheet - Assets	Year 2	Year 1
Intangible assets	291	384
Property, plant and equipment	2,736	2,751
Financial assets	66	66
Fixed assets	**3,093**	**3,201**
Inventories	2,016	2,031
Trade receivables	2,064	2,025
Other receivables and assets	282	330
Cash and cash equivalents	2,526	2,166
Current assets	**6,888**	**6,552**
Deferred taxes	84	66
Prepaid expenses and deferred charges	69	75
Total assets	**10,134**	**9,894**

1.2 Bilanz

in Mio. EUR

Bilanz - Passiva	Jahr 2	Jahr 1
Grundkapital	645	645
Kapitalrücklagen	141	141
Gewinnrücklagen	3.789	3.486
Jahresüberschuss	882	849
Anteile der Gesellschafter	**5.457**	**5.121**
Minderheiten	36	60
Eigenkapital	**5.493**	**5.181**
Pensionsrückstellungen	1.140	1.191
Sonstige Rückstellungen	1.437	1.533
Rückstellungen	**2.577**	**2.724**
Finanzverbindlichkeiten	288	288
Verbindlichkeiten aus Lieferungen und Leistungen	909	879
Sonstige Verbindlichkeiten	468	444
Verbindlichkeiten	**1.665**	**1.611**
Latente Steuern	372	357
Rechnungsabgrenzungsposten	27	21
Summe Passiva	**10.134**	**9.894**

1.2 Balance sheet

in million EUR

Balance sheet - Equity and liabilities	Year 2	Year 1
Share capital	645	645
Capital reserves	141	141
Retained earnings	3,789	3,486
Net income	882	849
Shareholders' equity	**5,457**	**5,121**
Minorities	36	60
Total equity	**5,493**	**5,181**
Pension provisions	1,140	1,191
Other provisions	1,437	1,533
Total provisions	**2,577**	**2,724**
Long-term debt	288	288
Trade payables	909	879
Other liabilities	468	444
Total liabilities	**1,665**	**1,611**
Deferred taxes	372	357
Deferred income	27	21
Total shareholders' equity and liabilities	**10,134**	**9,894**

1.3 Kapitalflussrechnung

in Mio. EUR

Kapitalflussrechnung	Jahr 2	Jahr 1
EBIT	**1.452**	**1.416**
Steuern	– 711	– 567
Abschreibungen auf das Immaterielle und Sachanlagevermögen	492	483
Veränderung der langfristigen Rückstellungen (ohne Zinsanteil)	– 33	– 12
Gewinn/Verlust aus dem Abgang von Sachanlagevermögen	3	3
Veränderung der Vorräte	15	81
Veränderung der Forderungen aus Lieferungen und Leistungen und sonstiger Vermögensgegenstände	– 27	– 138
Veränderung der Verbindlichkeiten und kurzfristiger Rückstellungen	57	-90
Cash Flow aus operativer Geschäftstätigkeit	**1.248**	**1.176**
Auszahlungen für Investitionen in das Anlagevermögen	– 507	– 726
inzahlungen aus Abgängen von Vermögensgegenständen des Anlagevermögens	33	45
Einzahlungen aus Zinsen, Dividenden und sonstigem Finanzeinkommen	150	120
Cash Flow aus Investitionstätigkeit	**– 324**	**– 561**
Ausgeschüttete Dividenden	– 354	– 327
Veränderungen der Finanzverbindlichkeiten	0	-99
Zins- und sonstige Finanzausgaben	– 141	– 126
Cash Flow aus Finanzierungstätigkeit	**– 495**	**– 552**
Wechselkursbedingte Veränderung des Finanzmittelbestandes	– 69	– 39
Änderungen des Finanzmittelbestands	**360**	**24**
Flüssige Mittel/Wertpapiere, 01.01.	2.166	2.142
Flüssige Mittel/Wertpapiere, 31.12.	2.526	2.166

1.3 Cash flow statement

in million EUR

Cash flow statement	Year 2	Year 1
EBIT	**1,452**	**1,416**
Taxes	(711)	(567)
Depreciation and amortization	492	483
Change in long-term provisions (excl. interest)	(33)	(12)
Profit/loss on disposal of non-current assets	3	3
Change in inventories	15	81
Change in trade receivables and other assets	(27)	(138)
Change in liabilities and short-term provisions	57	(90)
Cash flow from operating activities	**1,248**	**1,176**
Payments for non-current assets	(507)	(726)
Proceeds on disposal of non-current assets	33	45
Proceeds on interest, dividends and other financial income	150	120
Cash flow from investing activities	**(324)**	**(561)**
Dividends paid	(354)	(327)
Change in long-term liabilities	0	(99)
Interest and other financial expense	(141)	(126)
Cash flow from financing activities	**(495)**	**(552)**
Foreign exchange rate effects	(69)	(39)
Change in cash and cash equivalents	**360**	**24**
Cash and cash equivalents, beginning of year	2,166	2,142
Cash and cash equivalents, end of year	2,526	2,166

1.4 Zusatzinformation

Ausstehende Stammaktien	354 Mio. Stück
Ausstehende Vorzugsaktien	0
Aktueller Aktienkurs	35,00 EUR
Dividende je Stamm- und Vorzugsaktie	1,00 EUR
Personalaufwendungen	2.453 Mio. EUR
Vollzeit-Mitarbeiter	46.000
Kapitalisierte Forschungs- und Entwicklungskosten Jahr 1 Jahr 2	 500 Mio. EUR 550 Mio. EUR
Kumulierte Abschreibungen	2.650 Mio. EUR
Durchschnittliche Wachstumsrate (CAGR)	10 %
Rating / Corporate bond spread	AA / 0,3 %
Risikofreier Zinssatz	4,5 %
Marktrisikoprämie	3,5 %

1.4 Additional information

No. of common shares outstanding	354.0m
No. of preferred shares outstanding	-
Current share price	35.00 EUR
Dividend per share	1.00 EUR
Personnel expenses	2,453m EUR
Full-time employees	46,000
Capitalized R&D: Year 1 Year 2	 500m EUR 550m EUR
Accumulated depreciation	2,650m EUR
Compounded average growth rate (CAGR)	10%
Company rating/Corporate bond spread	AA/0.3%
Risk-free interest rate	4.5%
Market risk premium	3.5%

Kapitel / Chapter 2

Kennzahlen der Gewinn- und Verlustrechnung / Income statement ratios

2.1 EBIT

Formel **Rechenbeispiel**

Formel	Rechenbeispiel
Jahresüberschuss	882
± Außerordentliches Ergebnis	0
+ Minderheiten	21
+ Steuern	594
± Finanzergebnis	– 45
= **EBIT**	= **1.452**

Erläuterung

EBIT steht für »Earnings before interest and taxes«. In den USA wird die Kennzahl EBIT als Operating income bezeichnet. Dieses operative Ergebnis vor Zinsen und Steuern wird gewöhnlich für die Beurteilung der Ertragssituation des Unternehmens, insbesondere im internationalen Vergleich herangezogen. Jedoch ist das EBIT nicht nur das reine Ergebnis vor Zinsen und Steuern, wie es weitläufig bezeichnet wird, sondern genauer gesagt das operative Ergebnis vor dem Finanz- und damit Beteiligungsergebnis, was je nach Unternehmen großen Einfluss auf den Gewinn vor Steuern haben kann. Das EBIT kann alternativ auch berechnet werden, indem von den Umsätzen (inkl. sonstiger betrieblicher Erträge) alle operativen Kosten abgezogen werden.

Vorteile	Nachteile
• Lässt Rückschlüsse auf das reine operative Geschäft zu	• Nur in Bezug zu anderen Kennzahlen (z.B. Umsätze) aussagefähig
• Insbesondere unter Zuhilfenahme anderer Kennzahlen (z.B. Umsätze) werden industrieweite Vergleiche der operativen Ergebnisse ermöglicht	• Auch Zinseinkünfte, die keine Berücksichtigung im EBIT finden (Einkünfte aus Finanzierungstätigkeit, z.B. Ratenfinanzierungen) können Bestandteil des operativen Einkommens sein
• Verzerrungen durch steuerliche Einflüsse bleiben außen vor	
• Findet international Anwendung	• Es finden sich ggf. Einkünfte, die nicht zum originären Geschäftsfeld gehören (Mieteinkünfte) in dieser Kennzahl wieder

2.1 EBIT

Formula	Sample calculation
Net income	882
± Extraordinary items	0
+ Minority interest	21
+ Taxes	594
± Financial result	(45)
= **EBIT**	= **1,452**

Explanation

EBIT stands for "earnings before interest and taxes". In the US the ratio is also known as operating income/operating profit. It is generally used to assess the company's earnings position, in particular in international comparisons. However, EBIT is not only pure earnings before interest and taxes as it is referred to by many people, but in more precise terms it is the operating result before the financial and thus investment result, which may have a major impact on the pre-tax earnings depending on the respective company. EBIT can also be calculated by subtracting total operating expenses from sales (incl. other operating income).

Advantages	Disadvantages
• Allows assumptions to be made about pure operating activities • Industry-wide comparisons of operating income are possible, in particular when other ratios are also considered (e.g., revenues) • Distortions from tax effects are not included • Used internationally	• Only meaningful when considered together with other indicators (e.g., revenues) • Interest income, which may not be included in EBIT, can be part of operating income (income from financing activities, e.g., financing installments) • Income which may not stem from the operating activities may also be included in this figure (rental income)

2.2 EBITDA

Formel	Rechenbeispiel
Jahresüberschuss	882
± Außerordentliches Ergebnis	0
+ Minderheiten	21
+ Steuern	594
± Finanzergebnis	– 45
+ Abschreibungen	492
= **EBITDA**	= **1.944**

Erläuterung

EBITDA steht für »Earnings before interest, taxes, depreciation and amortization« aus dem Englischen. Dieses Ergebnis vor Zinsen, Steuern, Abschreibungen auf Sachanlagen und Amortisation von immateriellen Wirtschaftsgütern hat Cash Flow-Charakter, da die liquiditätsunwirksamen Abschreibungen ähnlich wie bei der indirekten Cash Flow-Berechnung zum Jahresüberschuss hinzu addiert werden. Das EBITDA wird häufig für junge, wachstumsstarke Unternehmen oder Unternehmen mit außergewöhnlich hohem Abschreibungsbedarf als Kennzahl verwendet, die gegebenenfalls negative Jahresüberschüsse erwirtschaften. Das EBITDA lässt sich auch berechnen, indem von den Umsätzen (inkl. sonstiger betrieblicher Erträge) alle operativen Kosten abgezogen und Abschreibungen hinzu addiert werden.

Vorteile	Nachteile
• Die Einflüsse unterschiedlicher Finanzierungsformen finden keine Berücksichtigung (gilt ggf. nicht für Leasing)	• Nur in Bezug zu anderen Kennzahlen wirklich aussagefähig (z.B. EV/EBITDA)
• Frei von Abschreibungseinflüssen	• Industrieübergreifend nur schwer vergleichbar
• Dient als Cash Flow-Annäherung	• Einkommen, das nicht unmittelbar dem reinen operativen Geschäft zuzuordnen ist (Mieteinkünfte) wird miteingerechnet
• Vereinfacht internationale Vergleiche, da nationale Steuern keine Berücksichtigung finden	

2.2 EBITDA

Formula **Sample calculation**

Net income	882
± Extraordinary items	0
+ Minority interest	21
+ Taxes	594
± Financial result	(45)
+ Depreciation and amortization	492
= EBITDA	**= 1,944**

Explanation

EBITDA stands for "earnings before interest, taxes, depreciation and amortization". These earnings before interest, taxes, depreciation of tangible assets and amortization of intangible assets (in particular goodwill) are cash flow like, as the write-downs not reflected in liquidity are added to the operating income in a similar manner to calculations for the indirect cash flow. EBITDA is often used as an indicator for young, high-growth companies or for companies with exceptionally high write-down requirements – these companies may also generate negative net income. Alternatively EBITDA may be calculated by subtracting total operating expenses from sales (incl. other operating income) and adding depreciation and amortization for the period.

Advantages	Disadvantages
• The impact of various forms of financing is not considered (may not apply to leasing)	• Only truly meaningful together with other indicators (e.g., EV/EBITDA)
• Write-downs have no impact	• Cross-industry comparisons are difficult
• Can be used as approximation of cash flow	• Income which cannot be directly allocated to pure operating activities (rental income) is included in the calculation
• Makes international comparison more simple, as national taxes are not included	

2.3 Gewinn vor Steuern

Formel	Rechenbeispiel
Jahresüberschuss	882
± Außerordentliches Ergebnis	0
+ Minderheiten	21
+ Steuern	594
= Gewinn vor Steuern (EBT)	**= 1.497**

Erläuterung

Der Gewinn vor Steuern (oder EBT: Earnings before taxes) dient als Vergleichskennzahl für die Ertragskraft von Unternehmen im internationalen Vergleich, da die Ertragssteuern unberücksichtigt bleiben. Jedoch beinhaltet der Gewinn vor Steuern bereits Finanzierungskosten, die ebenfalls nationalen Steuergesetzen unterliegen sowie Erlöse aus dem Verkauf von Vermögensgegenständen. Dies schränkt die internationale Vergleichbarkeit wiederum ein. Der Vorsteuergewinn ist insbesondere in Verbindung mit dem Umsatz eine häufig eingesetzte Kennzahl (Vorsteuermarge).

Vorteile	Nachteile
• Unterschiedliche nationale Steuervorschriften haben keinen Einfluss	• Nur unter Berücksichtigung anderer Kennzahlen aussagekräftig (Bsp. Umsatz)
• Kapitalkosten finden teilweise Berücksichtigung	• Kann im Zeitablauf stark variieren
• Zinseinkünfte, die Bestandteil des operativen Einkommens sind (Finanzierungseinnahmen), finden Berücksichtigung	• Durch den großen Einfluss nationaler Bilanzierungsvorschriften, die sich in dieser Zahl niederschlagen, international schwer vergleichbar

2.3 Earnings before taxes

Formula	**Sample calculation**
Net income	882
± Extraordinary items	0
+ Minority interest	21
+ Taxes	594
= Earnings before taxes (EBT)	**= 1,497**

Explanation

Earnings before taxes (or income/profit before taxes) is used as a comparative indicator for a company's earnings power in international comparisons, as income taxes are not taken into account. However, income before taxes does include financing costs, which are also subject to national tax laws and income from the disposal of assets. This in turn does restrict international comparability. Income before taxes is an indicator often used in particular in conjunction with revenues (pre-tax margin).

Advantages	**Disadvantages**
• Different tax regulations in various countries do not have any impact	• Only meaningful if other indicators are also considered (e.g., revenues)
• Costs of capital are, in part, not considered	• Can vary strongly over time
• Interest income which forms part of operating income (financing income) is considered	• International comparison is difficult due to the major impact of national accounting regulations reflected in this figure

2.4 Jahresüberschuss (Gewinn)

Formel	Rechenbeispiel
Umsatz	14.019
+ Sonstige betriebliche Erträge	294
– Operative Kosten	– 12.861
± Finanzergebnis	45
– Steuern	– 594
– Minderheiten	– 21
± Außerordentliches Ergebnis	0
= Jahresüberschuss	**= 882**

Erläuterung

Der Jahresüberschuss ergibt sich als positive (sonst: Jahresfehlbetrag) Differenz zwischen den Erträgen und den Aufwendungen der betrachteten Periode und entspricht damit dem Endergebnis der Gewinn- und Verlustrechnung. Er stellt den Periodenerfolg einer Kapitalgesellschaft dar. Bei der Ermittlung werden Gewinn- bzw. Verlustvortrag und Entnahmen und Einstellungen aus/in offene Rücklagen nicht berücksichtigt. Der Jahresüberschuss ist wiederum eine zentrale Größe für die Errechnung von entscheidenden Kennzahlen wie z.B. Gewinn pro Aktie, Eigenkapital- oder Umsatzrendite.

Vorteile	Nachteile
• Zukunftsschätzungen für börsennotierte Gesellschaften verfügbar (insbesondere bezogen auf den Gewinn pro Aktie ggf. nach Adjustierung)	• International nicht vergleichbar
• Intuitiv verständlich	• Der Jahresüberschuss ist dem höchstmöglichen bilanzpolitischen Ermessen ausgesetzt, was wiederum alle Kennzahlen in Verbindung mit dem Jahresüberschuss betrifft
• Steuern und damit konkreter Aufwand finden Berücksichtigung	• Jahresüberschuss ist weniger aussagekräftig als der Cash Flow

2.4 Net income

Formula	Sample calculation
Sales	14,019
+ Other operating income	294
– Total operating expenses	(12,861)
± Financial result	45
– Taxes	(594)
– Minority interest	(21)
± Extraordinary items	0
= **Net income**	= **882**

Explanation

Net income is the positive (otherwise: net loss) difference between income and expenses in the period under review and is thus the bottom line of the income statement. It shows a corporation's income for a period. When calculating this figure profits or losses carried forward and additions to or withdrawals from open reserves are not considered. Net income is the initial figure for calculating other important ratios such as earnings per share, return on equity or return on sales.

Advantages	Disadvantages
• Future estimates for listed companies are available (in particular based on earnings per share, if necessary after adjustment)	• International comparison not possible
• Intuitive	• Net income for the year is subject to the greatest possible accounting discretion, which in turn affects all indicators linked to net income
• Taxes and thus concrete expenses are considered	• Net income is not as meaningful as the cash flow

2.5 Finanzergebnis

Formel	**Rechenbeispiel**
Zinserträge	66
+ Zinsaufwendungen	– 12
± Abschreibungen / Zuschreibungen auf Finanzanlagen	0
± Abschreibungen / Zuschreibungen auf kurzfristige Wertpapiere	0
+ Sonstige finanzielle Erträge und Aufwendungen	– 9
= **Finanzergebnis**	= **45**

Erläuterung

Das Finanzergebnis ist der Unterschiedsbetrag zwischen dem EBIT und dem EBT. Bei den meisten Industrieunternehmen ist das Finanzergebnis negativ, da die Zinslast für das aufgenommene Fremdkapital i.d.R. die Erträge aus Zinserträgen und aus Beteiligungen (Dividenden) übersteigt. Hat ein Unternehmen über mehrere Perioden hinweg ein positives Finanzergebnis, ist zu prüfen, wie viel Kapital zu welchem Zinssatz angelegt ist und ob dieses Kapital nicht stärker rentieren würde, wenn es in das Wachstum des eigenen Unternehmens investiert wäre. Aus Sicht des Investors stellt sich bei konstant positivem Finanzergebnis die Frage nach einer Sonderausschüttung an die Aktionäre.

Vorteile	**Nachteile**
• Das Finanzergebnis gibt Rückschlüsse auf Finanzierungskosten • Es können Hinweise auf nicht konsolidierte Unternehmen entnommen werden	• Das Finanzergebnis kann operative Bestandteile beinhalten (Ergebnis aus Finanzierungstätigkeit) • Das Beteiligungsergebnis als Bestandteil des Finanzergebnisses gibt keinen Rückschluss auf das Risiko dieser Beteiligung • Kann stark im Zeitablauf variieren

2.5 Financial result

Formula	Sample calculation
Interest income	66
+ Interest expense	(12)
± Write-downs/write-ups for financial assets	0
± Write-downs/write-ups for marketable securities	0
+ Other financial income and expenses	(9)
= Financial result	**= 45**

Explanation

The financial result is the difference between EBIT and EBT. For most industrial companies the financial result is negative, as the interest charged on borrowing generally exceeds income from investments (dividends). If a company records a positive financial result over several periods, then we must ask how much capital is invested at which interest rate, and if this capital would not bear a greater yield if it were invested in the company's growth. From an investor's perspective, a constant, positive financial result also raises the issue of a special distribution to shareholders.

Advantages	Disadvantages
• The financial result provides information about financing costs • Information may be gained about non-consolidated companies	• The financial result may include operating components (income from financing activities) • Investment income as a component of the financial result does not provide any information on the risk inherent in this investment • May vary strongly over time

2.6 Net operating profit after taxes (NOPAT)

Formel	Rechenbeispiel
EBIT	1.452
+ Δ Abschreibungen auf immaterielle Vermögensgegenstände	90
+ Δ Rückstellungen	– 147
– Operative Steuern	– 594
+ Zinsen für Leasingaufwendungen	0
+ Δ Kapitalisierte F&E-Aufwendungen	50
= **NOPAT**	= **851**

Erläuterung

Das NOPAT ist der operative Nettogewinn nach Steuern. Es beschreibt, welchen Profit das Unternehmen im Falle einer reinen Eigenkapitalfinanzierung erwirtschaften würde. Daher ist für jedes Unternehmen, das die Hebelwirkung des Fremdkapitals ausnutzt, das NOPAT eine Alternative, um den operativen Erfolg zu messen.
Das NOPAT berücksichtigt im Gegensatz zum EBIT nicht die Steuerersparnisse, die ein Unternehmen aufgrund hoher Schulden erzielt.

Vorteile	Nachteile
• Ist unabhängig von der Finanzierungsform	• Vielzahl von Adjustierungen möglich
• Betrachtet das rein operative Ergebnis	• Basiert auf Rechnungslegungsmaterial, daher weniger genau als Cash Flows, weil Rechnungslegungsvorschriften zum Tragen kommen
• Steuern finden als Aufwand Berücksichtigung	
• Leasing-Finanzierungen werden in der Regel adjustiert	

2.6 Net operating profit after taxes (NOPAT)

Formula	Sample calculation
EBIT	1,452
+ Amortization of intangible assets	90
+ Δ Provisions	(147)
– Operating taxes	(594)
+ Interest on leasing expense	0
+ Δ Capitalized R & D expense	50
= **NOPAT**	= **851**

Explanation

NOPAT stands for net operating profit after taxes, and shows which profit the company would achieve in the event of pure equity financing. This means that NOPAT is an alternative way to measure operating success for every company which uses the leverage effect of debt capital.
In contrast to EBIT, NOPAT does not take into account the tax savings which a company generates as a result of high debt.

Advantages	Disadvantages
• Independent of type of financing • Considers the pure operating result • Taxes are taken into account as an expense • Leasing financing is generally adjusted	• Large number of adjustments possible • Based on accounting material, is thus less precise than cash flows as accounting standards come into play

2.7 Steuerquote

Formel

$$\frac{\text{Steuern}}{\text{Ergebnis vor Steuern (EBT)}} \times 100\,\%$$

Rechenbeispiel

$$\frac{594}{1.497} \times 100\,\% = \mathbf{39{,}68\,\%}$$

Erläuterung

Die Steuerquote beschreibt die Relation der Ertragssteuern zum Vorsteuerergebnis, um die relative Ergebnisbelastung durch die Besteuerung darzustellen. In der globalisierten Wirtschaftswelt ist die Steuerquote häufig ein wichtiges Kriterium der Standortentscheidung eines Unternehmens. Die Steuerquote steht wiederum in engem Bezug zur Ermittlung der Fremdkapitalkosten, da der Steuereffekt hinsichtlich der Zinsen für Fremdkapital hierfür berücksichtigt werden muss.

Vorteile	**Nachteile**
• Für den nationalen Vergleich sinnvoll	• Kann stark im Zeitablauf schwanken
• Bei relativ stabilen Steuersystemen sinnvoller Indikator für die zukünftigen Steuerquoten eines Unternehmens	• Verlustvorträge sowie Steuerrückstellungen erschweren die Prognose für die tatsächlichen Steueraufwendungen in der Zukunft
• Stellt tatsächliche Aufwandsgröße dar	• Bei internationalen Konzernen ist eine analytische Herleitung zukünftiger Steuerzahlungen aufgrund der Komplexität kaum möglich

2.7 Tax rate

Formula

$$\frac{\text{Income taxes}}{\text{Earnings before taxes}} \times 100\,\%$$

Sample calculation

$$\frac{594}{1{,}497} \times 100\,\% = \mathbf{39.68\,\%}$$

Explanation

The tax rate describes the relationship between income taxes and income before taxes, in order to show the relative impact on earnings from taxation. In the global economy, the tax rate is often a key criterion when companies chose where to locate. The tax rate is, in turn, closely linked to calculating the cost of debt, as the tax shield from borrowing interest must be taken into account.

Advantages	Disadvantages
• Pertinent for use in national comparisons • A reasonable indicator for a company's future tax rates in relatively stable tax systems • Shows actual expense	• May fluctuate heavily over time • Losses carried forward and tax provisions make forecasting of actual future tax expense difficult • In the case of international groups, it is hardly possible to analytically derive future tax payments due to the immense complexity

2.8 Forschungskostenquote

Formel

$$\frac{\text{Forschungs- und Entwicklungskosten}}{\text{Umsatz}} \times 100\,\%$$

Rechenbeispiel

$$\frac{300}{14.019} \times 100\,\% = \mathbf{2{,}14\,\%}$$

Erläuterung

Die Forschungskostenquote zeigt, welchen Anteil der Umsatzerlöse das Unternehmen in Forschung & Entwicklung (F&E) reinvestiert. In der Regel haben Unternehmen, die in forschungsintensiven Branchen, wie z.B. Pharma oder Biotechnologie tätig sind, und deren Erfolg von Produktinnovationen abhängig ist, höhere Forschungskostenquoten. Eine Erhöhung der Quote hängt gewöhnlich mit einer verstärkten F&E-Investition zusammen, kann aber auch durch Umsatzeinbrüche herrühren. Eine Verringerung der Forschungskostenquote kann in der Regel mit verringerter Forschungstätigkeit gedeutet werden, kann aber z.B. auch mit Produktivitätssteigerungen und damit verringerten Kosten zusammenhängen.

Vorteile	Nachteile
• Ermöglicht Rückschlüsse auf Forschungseffizienz	• Aus der GuV oftmals nicht eindeutig identifizierbar
• Bietet Anhaltspunkte der Wettbewerbsfähigkeit	• F&E Kosten sind nicht eindeutig ermittelbar (Zuordnung)
• Dient dem Unternehmensvergleich	• Die Variation der F&E Kosten ist ggf. einfacher als andere Kostenblöcke und wird genutzt, um Gewinnziele einzuhalten (Folge: Variation der Gewinnqualität)

2.8 R&D cost ratio

Formula

$$\frac{\text{Research \& Development costs}}{\text{Sales}} \times 100\,\%$$

Sample calculation

$$\frac{300}{14{,}019} \times 100\,\% = \mathbf{2.14\,\%}$$

Explanation

The R&D cost ratio shows what proportion of total sales the company reinvests in research and development (R&D). As a rule, companies that work in research-intensive sectors such as pharmaceuticals or biotechnology, and whose success depends on product innovations, have higher research cost ratios. Increases to the ratio are generally linked to increased R&D investment, however they can also be caused by a slump in sales. A reduction in the research cost ratio can generally be put down to a reduction in research activities, however it may also be linked to increases in productivity and thus lower costs.

Advantages	Disadvantages
• Allows conclusions to be made about research efficiency • Offers starting points for reviewing competitive ability • Used in company comparisons	• Can sometimes not be clearly identified from the income statement • R&D costs cannot be clearly calculated (classification) • Varying R&D costs may be simpler than in other cost blocks and is used to keep to profit targets (consequence: variations in profit quality)

2.9 Umsatzkosten zu Gesamtkosten

Formel

$$\frac{\text{Umsatzkosten}}{\text{Gesamtkosten}} \times 100\,\%$$

Rechenbeispiel

$$\frac{5.004}{12.861} \times 100\,\% = \mathbf{38{,}90\,\%}$$

Erläuterung

Die Kennzahl Umsatzkosten im Verhältnis zu den Gesamtkosten zeigt auf, wie wirtschaftlich die Materialen bzw. Leistungen, die direkt zu Umsätzen führen, im Verhältnis zu den Gesamtkosten eingesetzt werden. Bei der Analyse der Kennzahl müssen jedoch schwankende Beschaffungspreise (z.B. Rohstoffe) und veränderte Lagerhaltungskosten berücksichtigt werden. Auch sollte die Kennzahl im Verhältnis zur Umsatzentwicklung betrachtet werden (Umsatzkostenquote).
Je höher der Anteil der Umsatzkosten an den Gesamtkosten ist, desto stärker wirkt sich eine Veränderung der Kennzahl auf die Unternehmensgewinne aus. Dies kann z.B. durch Verlagerung der Produktionsstätten mit niedrigeren Kostenstrukturen oder durch die Ausnutzung von Währungsvorteilen erreicht werden. Die Kennzahl sollte jedoch stets in Zusammenhang mit der Produktqualität betrachtet werden, d.h. Unternehmen sollten nicht um jeden Preis eine Verbesserung der Kennzahl anstreben.

Vorteile	**Nachteile**
• Guter Indikator für Unternehmensvergleiche • In Verbindung mit der Kennzahl Personalintensität sinnvoller Indikator für die Produktivität • Zentrale Kennzahl, da die Umsatzkosten zumeist eine der größten Kostenpositionen darstellt	• Stark branchenabhängig • Abhängig vom Beschaffungsmarkt

2.9 Cost of sales to total operating expense

Formula

$$\frac{\text{Cost of sales}}{\text{Total operating expense}} \times 100\,\%$$

Sample calculation

$$\frac{5{,}004}{12{,}861} \times 100\,\% = \mathbf{38.90\,\%}$$

Explanation

The ratio of cost of sales to total operating expense describes the economy of material use, which is directly linked to generating revenues. When interpreting this indicator, changes in procurement prices (e.g., raw materials) and changed warehousing must be taken into account. Moreover, the ratio should be compared to total sales.
The higher the ratio of cost of sales to total operating expense, the stronger the impact a reduction in this indicator would be on the company's earnings. This can be achieved, for example, by relocating purchasing to regions with a lower cost structure or by exploiting currency advantages. This ratio should always be considered in conjunction with product quality, i.e., companies should not aim to reduce the ratio at any expense.

Advantages	Disadvantages
• Good indicator for competitive comparisons • Indicates productivity (in combination with ratio of personnel expense to total operating expense) • Key indicator, as cost of sales is generally one of the company's largest expense items	• Highly industry dependent • Dependent on procurement market

2.10 Abschreibungsintensität

Formel

$$\frac{\text{Abschreibungsaufwand}}{\text{Gesamtaufwand}} \times 100\,\%$$

Rechenbeispiel

$$\frac{492}{12.861} \times 100\,\% = \mathbf{3{,}83\,\%}$$

Erläuterung

Die Abschreibungsintensität ist ein Maßstab für die Wirtschaftlichkeit des eingesetzten Anlagevermögens. Steigt die Abschreibungsintensität, so führt dies in der Regel zu einem erhöhten Gewinnausweis in den Folgejahren. Eine hohe Abschreibungsintensität kann also ein Indikator für eine aggressive Investitionspolitik des Unternehmens sein.
Niedriger Abschreibungsaufwand kann dagegen ein Zeichen für veraltetes Anlagevermögen sein, das Möglichkeiten für Neuinvestitionen und damit Rationalisierungen bzw. Produktivitätssteigerungen bietet.

Vorteile	**Nachteile**
• Hinweis auf Rationalisierungsgrad in Bezug auf Gesamtaufwand	• Schwierig zu ermitteln, da Abschreibungsaufwand durch Bilanzpolitik stark beeinflusst wird
• Hohe Aussagekraft in Kombination mit Personalintensität und Materialintensität	• Starke Branchenabhängigkeit
• Erkennung von Produktivitätspotential	• Hohe Abhängigkeit von Investitionstätigkeit

2.10 Depreciation and amortization to total operating expense

Formula

$$\frac{\text{Depreciation and amortization}}{\text{Total operating expense}} \times 100\%$$

Sample calculation

$$\frac{492}{12{,}861} \times 100\% = \mathbf{3.83\%}$$

Explanation

The ratio of depreciation and amortization to total operating expense indicates how efficiently the assets employed are being used. If this ratio increases, this generally leads to increased profits being disclosed in subsequent years. A high ratio of depreciation and amortization to total operating expense may also indicate that a company has an aggressive investment policy.
In contrast, a low level of depreciation and amortization may indicate outdated assets that offer opportunities for new investments and rationalization or increases in productivity.

Advantages	Disadvantages
• Indicates degree of rationalization regarding total costs • Highly meaningful in conjunction with ratios of personnel and material expense to total operating expense • Recognition of productivity potential	• Difficult to calculate, as amortization and depreciation expense is heavily affected by accounting policy • Highly industry-dependent • Highly dependent on investing activities

2.11 Abschreibungsquote (I)

Formel

$$\frac{\text{Abschreibungen}}{\text{Umsatz}} \text{ x } 100\,\%$$

Rechenbeispiel

$$\frac{492}{14.019} \times 100\,\% = \mathbf{3{,}51\,\%}$$

Erläuterung

Die Abschreibungsquote ergibt sich aus den Abschreibungen dividiert durch den Jahresumsatz. Zu den Abschreibungen zählen in der Regel nur die Abschreibungen auf Sachanlagen und immaterielle Vermögensgegenstände (Goodwill), nicht aber außerordentliche Abschreibungen auf Finanzanlagen oder Abschreibungen auf geringwertige Wirtschaftsgüter.
Eine steigende Abschreibungsquote kann mit Neuinvestitionen einhergehen, die sich im Umsatz noch nicht widerspiegeln oder aber mit der Bildung stiller Reserven. Eine fallende Abschreibungsquote kann ein Indikator für eine sinkende Investitionsbereitschaft sein.

Vorteile	Nachteile
• Gute Aussage bezüglich Produktivität (Verbrauch des Wirtschaftsgutes pro Einheit Umsatz) • Dient dem Sektorvergleich • Dient der Analyse im Zeitablauf	• Abhängigkeit von Abschreibungsmethode • Starke Branchenabhängigkeit • Künstliche Verbesserung bei reduzierter Reinvestition

2.11 Depreciation and amortization to sales

Formula

$$\frac{\text{Depreciation and amortization}}{\text{Sales}} \times 100\,\%$$

Sample calculation

$$\frac{492}{14{,}019} \times 100\,\% = \mathbf{3.51\,\%}$$

Explanation

The ratio depreciation and amortization to total sales indicates what portion of total revenue was written-off. As a rule, write-downs only include depreciation of property, plant and equipment and amortization of intangible assets (e.g., goodwill), but not extraordinary write-downs for financial assets or depreciation of low-value assets.
An increase in this ratio can result from new investments that are not yet reflected in sales figures or may result from the formation of hidden assets. A falling ratio can be an indicator for a falling readiness to make investments.

Advantages	Disadvantages
• Excellent information on productivity (consumption of economic assets per unit of sales)	• Depends on write-down methody
• Used in sector comparisons	• Highly industry-dependent
• Used in analyses over time	• Artificial improvement through reduced reinvestment

2.12 Abschreibungsstruktur

Formel

$$\frac{\text{Abschreibungsart}}{\text{Abschreibungen, gesamt}} \times 100\,\%$$

Rechenbeispiel

Hier: Goodwill-Abschreibungen

$$\frac{90}{492} \times 100\,\% = \mathbf{18{,}29\,\%}$$

Erläuterung

Die Abschreibungsstruktur setzt eine bestimmte Abschreibungsart (hier: Goodwillabschreibungen) ins Verhältnis zu den gesamten Abschreibungen. Strukturkennzahlen können z.B. auch, sofern für Externe vorhanden, auf einzelne Konzerneinheiten aufgeschlüsselt werden. Diese lassen erkennen, wie sich eine gewisse Aufwands- oder Ertragsart (z.B. Umsätze) untergliedert und dienen einer detaillierteren Analyse eines Unternehmens. Der hohe Anteil an Goodwillabschreibungen kann im obigen Beispiel ein Indiz dafür sein, dass das Unternehmen für vergangene Akquisitionen zu hohe Preise bezahlt hat, oder aber dass im Verhältnis dazu die bestehenden Anlagen größtenteils schon abgeschrieben sind. Im Falle von Goodwillabschreibungen sind gleichzeitig die unterschiedlichen Rechnungslegungsvorschriften zu beachten.

Vorteile	Nachteile
• Erlaubt detaillierte Analyse • Schieflagen von Unternehmen können erkennbar werden	• Kann im Zeitverlauf stark schwanken • Nur im Verhältnis mit Bilanzkennzahlen (z.B. Sachanlagen) aussagekräftig

2.12 Write-down structure

Formula

$$\frac{\text{Type of write-down}}{\text{Depreciation and amortization}} \times 100\,\%$$

Sample calculation

Here: goodwill amortization

$$\frac{90}{492} \times 100\,\% = \mathbf{18.29\,\%}$$

Explanation

The write-down structure compares a certain kind of depreciation (here: goodwill amortization) to total write-downs. Structural ratios can also be broken down to business units or subsidiaries, if available for external use. These ratios help to better understand the composition of a specific expense or source of income (e.g., sales) and allows a detailed analysis of a company. The high amount of goodwill amortization in the example above may be an indicator of the company having paid too much for recent acquisitions, or that in comparison to this figure, the other fixed assets are written-off to a large degree. In the case of goodwill amortization different accounting standards should also be taken into account.

Advantages	Disadvantages
• Allows detailed analysis	• Can fluctuate strongly over time
• Subsidence slopes of companies can be recognized	• Only meaningful in connection to key balance sheet indicators (e.g., fixed assets)

2.13 Personalintensität

Formel

$$\frac{\text{Personalaufwand}}{\text{Gesamtaufwand}} \times 100\,\%$$

Rechenbeispiel

$$\frac{2.453}{5.004 + 7.857} \times 100\,\% = \mathbf{19{,}07\,\%}$$

Erläuterung

Die Personalintensität gibt Aufschluss über die Wirtschaftlichkeit des Faktors Arbeit. Der Personalaufwand umfasst die Löhne und Gehälter, die sozialen Abgaben sowie die Aufwendungen für Altersversorgung und Unterstützung. Mit Hilfe der Personalintensität kann die Entwicklung der Wirtschaftlichkeit des Personaleinsatzes im Zeitablauf überprüft werden. Um so niedriger die Kennzahl, desto rentabler wurde das Personal eingesetzt bzw. wurde Personal gegen Maschinen ersetzt, was sich in einer Erhöhung der Investitionen widerspiegeln würde.
Eine Verschlechterung (= Erhöhung) dieser Kennzahl muss nicht zwingend auf falsche Managemententscheidungen zurückzuführen sein, sondern kann beispielsweise auch auf erhöhten Tarifabschlüssen oder gestiegenen Sozialversicherungsbeiträgen beruhen.

Vorteile	**Nachteile**
• Große Praxisrelevanz • Erkennung von Rationalisierungspotential • Gutes Maß für Arbeitsproduktivität	• Starke Branchenabhängigkeit, z.B. durch Tarifverträge • Überregionales Lohngefälle erschwert den Vergleich • Geringe Aussagekraft bei Auftragsveränderungen (»starre Fixkosten«)

2.13 Personnel expense to total operating expense

Formula

$$\frac{\text{Personnel expense}}{\text{Total operating expense}} \times 100\,\%$$

Sample calculation

$$\frac{2{,}453}{5{,}004 + 7{,}857} \times 100\,\% = \mathbf{19.07\,\%}$$

Explanation

The ratio of personnel expense to total operating expense offers information on the economy of labor. Personnel expense include wages and salaries, social security contributions and contributions for pensions and support. This ratio can be used to review how economically labor is being employed over time. The lower the indicator, the more profitably staff are being employed or are being replaced – which would be reflected by an increase in capital expenditure.
An deterioration (= increase) in this indicator does not necessarily point towards incorrect management decisions, but may also be due to increases in the union agreements or rising social security contributions.

Advantages	Disadvantages
• High practical relevance • Recognition of rationalization potential • Good indicator of labor productivity	• Highly industry-dependent, e.g., due to union agreements • Nationwide wage differences make comparison difficult • Low meaningfulness if orders fluctuate ("static fixed costs")

2.14 Arbeitsintensität

Formel

$$\frac{\text{Umsatz}}{\text{Personalaufwand}}$$

Rechenbeispiel

$$\frac{14.019}{2.453} = \mathbf{5{,}72}$$

Erläuterung

Die Arbeitsintensität setzt den erzielten Umsatz in Relation zu dem Personalaufwand innerhalb einer Periode. Die Kennzahl bringt damit zum Ausdruck, wie viel Euro Umsatz mit einem Euro Personalaufwand erzielt werden konnte (im obigen Beispiel 5,72 EUR). Die Kennzahl zeigt im Zeitverlauf, inwiefern sich die Produktivität eines Unternehmens verändert. Hat ein Unternehmen innerhalb einer Branche eine überdurchschnittlich hohe Arbeitsintensität, so deutet dies auf einen effizienten Personaleinsatz bzw. einer relativ hohen Intensität an Maschinen hin. Zu berücksichtigen ist bei der Analyse dieser Kennzahl gleichzeitig die Materialintensität und die Umsatzmarge, da die Kennzahl alleine nicht aussagekräftig genug ist. Der Kehrwert der Kennzahl (Personalaufwand / Umsatz x 100 %) zeigt, welcher Prozentsatz des Umsatzes allein für Personalaufwendungen verbucht wurde und dient daher dem Unternehmensvergleich.

Vorteile	Nachteile
• Produktivität des Personals im Zeitablauf erkennbar • Einsparpotentiale können aufgedeckt werden • Personalaufwand weniger beeinflussbar als z.B. Marketingaufwand	• Personalaufwand kann z.B. durch Veränderungen der Sozialversicherungsbeiträge verfälscht sein • Nur im Zusammenhang mit anderen Produktionsaufwendungen und Margen aussagekräftig

2.14 Personnel productivity

Formula

$$\frac{\text{Sales}}{\text{Personnel expense}}$$

Sample calculation

$$\frac{14{,}019}{2{,}453} = \mathbf{5.72}$$

Explanation

This ratio compares total sales to personnel costs and expresses how much revenue was generated per one Euro of personnel expense (in this case 5.72 EUR). Over time this ratio can be used as an indicator for changes in productivity of a company. When this ratio is higher than the industry-average, this may indicate an efficient use of human resources or an increased intensity of machinery.

The ratio itself is not meaningful enough, instead ratios such as material costs to total costs as well as sales margins should also be considered. The reciprocal of this ratio (Personnel expense/sales x 100%) shows what percentage of sales was booked as personnel expense and thus facilitates company comparisons.

Advantages	**Disadvantages**
• Personnel's productivity can be analyzed over time • Cost saving potential can be revealed • Personnel expenses are harder to influence than e.g., marketing expenses	• Personnel costs may be skewed by changes in contributions to social security or union agreements • Only meaningful in connection to other operating expenses and margins

2.15 Umsatz pro Mitarbeiter

Formel

$$\frac{\text{Umsatz}}{\text{Vollzeit-Mitarbeiter}}$$

Rechenbeispiel

$$\frac{14.019 \text{ Mio.}}{46.000} = \mathbf{304.760}$$

Erläuterung

Durch den Umsatz pro Mitarbeiter erhält der externe Betrachter Informationen zu der Effizienz und der Mitarbeiterintensität und damit den Kosten einer Unternehmung. Indem der Umsatz durch die Anzahl der äquivalenten Vollzeitstellen geteilt wird, bekommt der Analyst einen Einblick in die Fixkosten und dadurch einen Hinweis auf zukünftige Erträge, da eine überdurchschnittliche Kennzahl im Branchenverhältnis auch überdurchschnittliches Ertragspotential suggerieren kann. Da die Reduzierung von Mitarbeitern diese Kennzahl stark beeinflusst, sollte die Kennzahl über mehrere Jahre betrachtet werden, um einen aussagekräftigen Trend zu erkennen. Ein kontinuierlich steigender Indikator kann ein Hinweis auf eine verbesserte Organisation, eine durchdachte Investitionspolitik mit anschließenden Effizienzsteigerungen oder neue Produkte, die sich besser als die der Wettbewerber verkaufen, sein.

Vorteile	**Nachteile**
• Effizienz der Unternehmung wird im Zeitverlauf sichtbar	• Nicht für branchenübergreifende Analysen geeignet
• Kennzahl zur Bestimmung von Fixkostenstrukturen und zur Schätzung zukünftiger Gewinne	• Kennzahl sollte stets in Verbindung mit Gewinn betrachtet werden
• Kennzahl vermittelt schnellen Eindruck zur Position des Unternehmens innerhalb der Peer Group	

2.15 Sales per employee

Formula

$$\frac{\text{Sales}}{\text{Full-time employees}}$$

Sample calculation

$$\frac{14{,}019\text{ m}}{46{,}000} = \mathbf{304{,}760}$$

Explanation

The sales per employee ratio provides information on a company's efficiency and provides an indication of how expensive a company is run. By dividing a company's annual sales by the average number of full-time employees, the analyst gets an insight into overhead costs and in turn into possible future profits, as higher sales per employee ratios within the same industry may suggest above average profits. As job cuts can strongly influence this ratio, it should be closely watched over several years in order to identify trends. A continously rising sales per employee ratio may suggest more streamlined organizations, well-planned capital investments leading to improved efficiency or new products which sell faster than those of the competition.

Advantages	Disadvantages
• Company's efficiency can be analyzed over time • Indicator for a company's overhead costs and thus for estimating future profits • Ratio provides quick sense on a company's situation within the peer group	• Not meaningful for cross-industry comparisons • Indicator should always be considered in connection with profit margins

Kapitel / Chapter 3

Bilanzkennzahlen / Balance sheet ratios

3.1 Stille Reserven

Formel | **Rechenbeispiel**

Formel	Rechenbeispiel
Marktkapitalisierung	12.390
– Bilanzielles Eigenkapital	– 5.493
	= **6.897**

(Vgl. auch Berechnung der Marktkapitalisierung, S. 200)

Erläuterung

Stille Reserven sind der nicht aus der Bilanz ersichtliche Teil des Eigenkapitals. Folge: Der Gewinn oder das Eigenkapital erscheinen geringer als es der Wirklichkeit am Bilanzstichtag entspricht. Stille Reserven können entstehen durch:

- Unterbewertung oder Nichtaktivierung aktivierungsfähiger Vermögensgegenstände oder
- Verzicht bzw. Verbot von möglichen Zuschreibungen oder
- Überbewertung von Passiva.

Stille Reserven treten entweder a) zwangsläufig, b) durch Ausnutzung von Ermessensspielräumen, c) aufgrund von Schätzfehlern oder d) aufgrund willkürlicher Bildung auf. Das Auflösen stiller Reserven führt in der Regel zu einem höheren Gewinnausweis.

Vorteile	Nachteile
• Bildung eines Steuerstundungseffekts, da der Aufbau stiller Reserven den Gewinnausweis drückt	• Nicht unmittelbar nutzbar (Marktpreis muss erzielt werden)
• Bietet ggf. zusätzlichen Finanzierungsspielraum	• Extern kaum oder nur schwer ermittelbar, sofern Marktpreise nicht bekannt sind
• Die Möglichkeit der Bildung von stillen Reserven dient dem Sicherheitsaspekt	• Stille Reserven erschweren die Ermittlung von Rentabilitätskennzahlen, die z.B. das eingesetzte Kapital zugrunde legen

3.1 Hidden assets

Formula	**Sample calculation**
Market capitalization	12,390
– Total equity	(5,493)
	= **6,897**

(Also see market capitalization, page 201)

Explanation

Hidden assets are the portion of equity not disclosed on the balance sheet. Result: Profits or equity appear lower than they really are on the balance sheet date. Hidden assets may occur as a result of:

- Undervaluation or non-capitalization of assets which can be capitalized or
- Waiver or prohibition of possible write-ups or
- Overvaluation of liabilities.

Hidden assets occur either a) compulsorily, b) by using options, c) due to errors in estimates or d) they are intentionally formed. Reversing hidden assets generally leads to higher profits being disclosed.

Advantages	**Disadvantages**
• Defers taxation, as establishing hidden assets lowers disclosed profits	• Cannot be used directly (market price has to be achieved)
• May offer additional latitude for financing	• For external parties hard or very difficult to calculate if market prices are not known
• The possibility of forming hidden assets offers security	• Hidden assets make it more difficult to calculate yield indicators, which, for example, are based on the capital employed

3.2 Nettoverschuldung

Formel	**Rechenbeispiel**
Zinstragendes Fremdkapital	288 + 468
– Liquides Vermögen	– 2.526
– Wertpapiere des Umlaufvermögens	0
= **Nettoverschuldung**	**= – 1.770**

Erläuterung

Die Nettoverschuldung wird aus dem zinstragenden Fremdkapital abzüglich der flüssigen Mittel berechnet. Alternativ wird auch das gesamte bilanzielle Fremdkapital abzüglich der flüssigen Mittel und abzüglich der Pensionsrückstellungen (diese besitzen häufig Eigenkapitalcharakter) zur Berechnung herangezogen.

Die Nettoverschuldung gibt an, wie hoch die Verschuldung eines Unternehmens ist, sofern alle Verbindlichkeiten durch kurzfristige Vermögensgegenstände getilgt würden. Hat ein Unternehmen wie beispielsweise im obigen Rechenbeispiel eine höhere Position an liquiden Mitteln als Fremdkapital, so ist das Unternehmen de facto schuldenfrei und nutzt durch die Hebelwirkung des eingesetzten Fremdkapitals (Leverage Effekt) die positiven Effekte auf die Eigenkapitalrentabilität aus. Zu beachten ist jedoch, dass eine hohe Cash-Position wiederum wenig Rendite einspielt und daher aus Sicht eines Investors nicht sinnvoll ist. Um die Nettoverschuldung richtig zu interpretieren, sollte diese in Verbindung mit dem Cash Flow (vgl. dazu »Dynamischer Verschuldungsgrad«) betrachtet werden.

Vorteile	**Nachteile**
• Die Berücksichtigung des liquiden Vermögens ermöglicht eine genauere Risikobetrachtung • Insbesondere unter Berücksichtigung des Cash Flows (Dynamischer Verschuldungsgrad) eine sinnvolle Größe als Frühindikator für Finanzierungsrisiken	• Im Zuge der Vergleichbarkeit sollten auch Leasingverträge (z.B. Operating Leases) mit berücksichtigt werden • Als absolute Größe wenig aussagekräftig • Fristigkeiten bleiben außer Acht

3.2 Net debt

Formula	Sample calculation
Interest-bearing liabilities	288 + 468
– Cash and cash equivalents	(2,526)
– Short-term investments	0
= Net debt	**= (1,770)**

Explanation

Net debt is interest-bearing debt less liquid funds. As an alternative, it can also be calculated by taking the entire on-balance sheet debt less liquid funds and less pension provisions (these are often equity-like).
Net debt shows the amount of a company's debt, if all liabilities were to be repaid using liquid funds. For example, if a company's liquid funds are greater than its actual debt, then the company is, in fact, debt-free and it exploits the positive effects on its return on equity via the leverage effect (see sample calculation above). However, we must bear in mind that a high level of cash in turn brings a low return and is thus not reasonable from the investor's perspective. In order to be able to properly interpret net debt, this figure should be considered in connection with the cash flow ("dynamic gearing").

Advantages	Disadvantages
• Taking liquid assets into account allows risk to be considered more precisely • This is a meaningful early-warning signal for financing risks, in particular if the cash flow is considered	• Leasing contracts (e.g., operating leases) should also be considered to ensure comparability • Little meaning as an absolute figure • Maturities are not taken into account

3.3 Goodwill

Formel

Derivativer Goodwill = Kaufpreis – Substanzwert

Substanzwert = $\sum$ Aller Vermögensteile – Verbindlichkeiten

Rechenbeispiel

Für ein akkurates Rechenbeispiel müsste an dieser Stelle ein gesamter Beteiligungserwerb dargestellt werden, worauf aus Vereinfachungsgründen verzichtet wird.

Erläuterung

Der Goodwill (auch Geschäftswert oder Firmenwert genannt) entspricht dem Betrag, den ein Käufer als Ganzes unter Berücksichtigung zukünftiger Ertragserwartungen über den Wert aller materiellen und immateriellen Vermögensgegenstände nach Abzug der Schulden bereit ist zu zahlen. Goodwill darf sowohl in der Handels- als auch in der Steuerbilanz nur aktiviert werden, wenn er im Rahmen eines Unternehmenskaufes tatsächlich erworben wurde (derivativ). Ein selbstgeschaffener (originärer) Goodwill darf nicht angesetzt werden. Der Goodwill ist gesondert unter den immateriellen Vermögensgegenständen auszuweisen. Goodwill wird im Gegensatz zu der HGB-Bilanzierung nach US-GAAP und IFRS nicht mehr abgeschrieben, sondern nur bei festgestellter, dauerhafter Wertminderung im Rahmen eines Impairment Tests wertberichtigt.

Vorteile	Nachteile
• Bestandteil des investierten Kapitals • In Zusammenhang mit dem Gesamtanlagevermögen lassen sich Rückschlüsse auf die »Substanz« des Vermögens ziehen	• HGB erlaubt eine Verrechnung des Goodwill mit dem Eigenkapital. Dies kann in der Folge zu Verzerrungen führen

3.3 Goodwill

Formula

Derivative goodwill = Purchase price – Net asset value

Net asset value = Σ Total assets – (Total liabilities)

Sample calculation

In order to provide an accurate sample calculation, we would have to show an entire acquisition here. We have not done so for reasons of simplicity.

Explanation

Goodwill is the amount in excess of the value of all tangible and intangible assets less debt which a buyer is prepared to pay for an interest while taking into account future income. Goodwill may only be capitalized in the tax accounts and financial accounts if it was actually acquired as part of a corporate acquisition (derivative). Internally generated (original) goodwill may not be carried. Goodwill must be shown separately under intangible assets. Under IFRS and US-GAAP goodwill is no longer amortized in the financial accounts, but is reviewed for impairment and adjusted for such if permanent impairment is ascertained.

Advantages	Disadvantages
• Part of invested capital • Conclusions about the company's "quality" can be drawn in connection with the company's total assets	• Some national accounting laws, such as German GAAP, allow goodwill to be offset against equity. This can lead to distortions

3.4 Durchschnittsbestand

Formel

$$\frac{\text{Anfangsbestand} + \text{Endbestand}}{2}$$

Rechenbeispiel

$$\frac{2.016 + 2.031}{2} = \mathbf{2.023{,}5}$$

(vgl. Bilanzposition Vorräte)

Erläuterung

Der Durchschnittsbestand entspricht dem arithmetischen Mittel aus den Eckbeständen des Geschäftsjahres. Er wird insbesondere errechnet für Waren und Materialen sowie Forderungen und Verbindlichkeiten. Der Durchschnittsbestand hat z.B. Bedeutung bei der Bestimmung des Kapitalbedarfs, der Umschlaghäufigkeit sowie der Umschlagsdauer.

Vorteile	Nachteile
• Außergewöhnliche Abweichungen im Jahresverlauf werden geglättet • Erlaubt die exaktere Bildung von Beziehungszahlen, wie z.B. sog. Effizienzkennzahlen (z.B. Umsatz zu durchschnittlichem Lagerbestand)	• Verfälschtes Ergebnis, wenn Anfangs- und Endbestand stark vom Jahresmittel abweichen • Bestandsgröße und damit stichtagsabhängig • Abhängig von der Wahl des Bilanzstichtages (z.B. bei verschobenem Geschäftsjahr)

3.4 Average stock

Formula

$$\frac{\text{Opening stock} + \text{Closing stock}}{2}$$

Sample calculation

$$\frac{2{,}016 + 2{,}031}{2} = \mathbf{2{,}023.5}$$

(see balance sheet item: Inventories)

Explanation

Average stock represents the arithmetic average of key stock levels during the fiscal year. It is calculated in particular for goods and materials as well as for receivables and liabilities. The average stock is, for example, a key figure for determining capital requirements, turnover frequency and turnover duration.

Advantages	Disadvantages
• Exceptional deviations during course of year are smoothed out • Allows more precise depiction of relationship figures, such as so-called efficiency indicators (e.g., sales to average inventories)	• Incorrect result if opening and final stock deviate strongly from annual average • Depends on inventory size and thus closing date • Depends on balance sheet date selected (e.g., if fiscal year is delayed)

3.5 Investiertes Kapital

Formel	**Rechenbeispiel**
Eigenkapital	5.493
+ Langfristige Rückstellungen	1.140
+ Zinstragendes Fremdkapital	288 + 468
= **Investiertes Kapital**	= **7.389**

Erläuterung

Das investierte Kapital ist das tatsächlich verzinste und kostenverursachende Kapital eines Unternehmens und ist folglich das Kapital, das dem originären Geschäftszweck dient. Es ist damit die kritische Größe, die dem Gewinn gegenüberzustellen ist, um eine Rendite zu errechnen. Um erfolgreich zu wirtschaften, muss ein Unternehmen die Kapitalkosten auf das verzinste Kapital einspielen (vgl. auch EVA®). Bei der Ermittlung des investierten Kapitals sind in der Regel auch die Barwerte zukünftiger Off-Balance Sheet Activities hinzuzurechnen, worauf Investoren ebenfalls eine Rendite erwarten (im obigen Beispiel nicht zutreffend). Hierzu zählen in erster Linie Leasingaufwendungen, die kapitalisiert werden.

Vorteile	**Nachteile**
• Dient als Grundlage zur Ermittlung der durch die betrieblichen Tätigkeiten erzielbaren Rentabilität	• Es existieren eine Vielzahl möglicher Anpassungen
• Durch Adjustierungen ökonomisch sinnvoller als reine Buchwerte	• Analytischer Spielraum

3.5 Invested capital

Formula	Sample calculation
Total equity	5,493
+ Non-current provisions	1,140
+ Interest-bearing debt	288 + 468
= **Invested capital**	= **7,389**

Explanation

The invested capital is the company's actual capital which bears interest and which incurs costs, and which is thus the capital which serves the company's original purpose. This makes it the critical figure to be contrasted against profits in order to calculate the return. In order to do business successfully, a company must at least generate the costs of capital for interest-bearing capital (see also EVA®). When calculating the invested capital, as a rule the cash values of future off-balance sheet activities must be included, as investors also expect a return from these investments (not applicable in the example above). These mainly include capitalized leasing expenses.

Advantages	Disadvantages
• Used as a basis for calculating the profitability generated by operating activities • More pertinent in economic terms than pure book values as a result of adjustments	• There are a large number of possible adjustments • Analytical latitude

3.6 Rückstellungsquote

Formel

$$\frac{\text{Rückstellungen}}{\text{Gesamtkapital}} \times 100\,\%$$

Rechenbeispiel

$$\frac{1.140}{10.134} \times 100\,\% = \mathbf{11{,}25\,\%}$$

Erläuterung

Die Rückstellungsquote gibt an, zu welchem Grad das Unternehmen aus Rückstellungsgegenwerten finanziert ist. Rückstellungen können – obwohl sie bilanziell eindeutig dem Fremdkapital zugeordnet sind – unter Finanzierungsaspekten dem Eigenkapital nahe kommen, wenn sie langfristig gebildet werden (z.B. Pensionsrückstellungen).
Möglich ist die Finanzierung durch Rückstellungsgegenwerte dadurch, dass der Aufwand für die Rückstellungen sofort in die GuV fließt und somit gewinnmindernd wirkt. Die Auszahlung erfolgt jedoch erst in späteren Perioden (Zahlungsaufschub) bzw. werden die Rückstellungen bei Nichtinanspruchnahme gewinnbringend aufgelöst. Im dazwischen liegenden Zeitraum steht dem Unternehmen dieses Kapital für den Produktionsprozess zur Verfügung.

Vorteile	**Nachteile**
• Pensionsrückstellungen haben nicht ausschließlichen Fremdkapitalcharakter und führen nicht zu konstanten Zinszahlungen • Bietet im Gesamtkontext Informationen zur Kapitalstruktur	• Kann stark schwanken ohne ersichtlichen Grund für den externen Analysten (z.B. Rückstellungen für Urlaub der Mitarbeiter) • Geringe Aussagekraft, wenn mehr als Pensionsrückstellungen einfließen, da Verfügungszeitraum unklar (kurzfristige Rückstellungen dienen nicht der Finanzierung)

3.6 Provisions to total capital

Formula

$$\frac{\text{Provisions}}{\text{Total capital}} \times 100\%$$

Sample calculation

$$\frac{1{,}140}{10{,}134} \times 100\% = \mathbf{11.25\%}$$

Explanation

The ratio provisions to total capital indicates to which degree a company finances itself through provision equivalents. Provisions – although they are financially clearly defined as liabilities – may have equity character when they are structured on a long term basis (e.g., pension provisions).
Financing by pension equivalents is possible by immediately registering the expense for making provisions in the income statement, which has a negative impact on net income. The actual payment is postponed until future fiscal years (deferred payment), respectively, when accruals are reversed it positively affects profits. In the meantime, this amount is available for the production process.

Advantages	Disadvantages
• Pension provisions are not clearly defined as debt and do not lead to constant interest payments • Delivers in the overall context information on the capital structure	• Can vary significantly over time without obvious reason for external analysts (e.g., provisions for employee's vacation) • Little significance if more than pension provisions are included, as the timeframe of disposal is not clear (short-term provisions do not serve for financing purposes)

3.7 Rücklagenintensität

Formel

$$\frac{\text{Kapitalrücklagen + Gewinnrücklagen}}{\text{Gesamtkapital}} \times 100\,\%$$

Rechenbeispiel

$$\frac{141 + 3.789}{10.134} \times 100\,\% = \mathbf{38{,}78\,\%}$$

Erläuterung

Die Rücklagenintensität beschreibt den Anteil der in der Bilanz ausgewiesenen Rücklagen am Gesamtkapital. Rücklagen sind Eigenkapitalbestandteile und bestehen aus der Kapitalrücklage (als Zuführung von Mehrbeträgen von außerhalb des Unternehmens, z.B. Agio bei Aktienemissionen) und der Gewinnrücklage (z.B. als Zuführung von Beträgen aus dem Jahresüberschuss). Aus Gläubigersicht haben die Rücklagen eine Garantiebedeutung. Je höher die Rücklagenintensität, desto geringer ist das Risiko, dass das nominell gebundene Haftungskapital durch Verluste aufgezehrt wird. Bei Betrachtung dieser Kennzahl im Zeitverlauf ist zu erkennen, ob der Anteil der Rücklagen, also die Kapitalbasis des Unternehmens zu- oder abnimmt. Eine abnehmende Rücklagenintensität kann auf einen Verzehr des Eigenkapitals und damit auf eine Substanzgefährdung des Unternehmens hindeuten.

Vorteile	**Nachteile**
• Dient der Ermittlung von Sicherheiten • Hinweise auf Innenfinanzierungstendenzen der Unternehmung • Je höher der Eigenkapitalanteil, desto höher der Anteil des haftenden Vermögens	• Nicht in der Bilanz ausgewiesene Rücklagen (stille Reserven) finden keine Berücksichtigung • Nur unter Berücksichtigung der Dauer des Unternehmensbestandes aussagekräftig • Rücklagen können bei US-GAAP Bilanzierung aufgrund von Fremdwährungseinflüssen stark schwanken

3.7 Reserves to total capital

Formula

$$\frac{\text{Capital reserves} + \text{Retained earnings}}{\text{Total capital}} \times 100\,\%$$

Sample calculation

$$\frac{141 + 3{,}789}{10{,}134} \times 100\,\% = \mathbf{38.78\,\%}$$

Explanation

This ratio describes the percentage of capital reserves and retained earnings in comparison to total capital. Reserves are part of the shareholders' equity and consist of capital reserves (derived from additional capital raised externally, e.g., capital surplus at IPO) and retained earnings (i.e., derived from past income). From a creditors point of view, a high degree of reserves offers security for existing and additional loans. Thus, the higher the percentage of reserves to total capital, the lower the risk of non-performing loans for the lender. Over time the external analyst is able to tell whether the ratio, and thus the company's capital base, increases or decreases. A decrease may eventually lead to a total loss of shareholders' equity (including capital stock) and thus endanger a company's existence.

Advantages	Disadvantages
• Helps to assess collateral levels • Indicator for self-financing tendencies of a company • The higher the amount of equity, the higher the amount of liable assets	• Reserves which are not stated in the balance sheet (hidden assets) are not considered • Only significant in connection to the length of the company's existence • Capital reserves may vary strongly over time in US-GAAP accounting due to fluctuations in exchange rates

3.8 Vorratsintensität

Formel

$$\frac{\text{Vorräte}}{\text{Gesamtvermögen bzw. -kapital}} \times 100\,\%$$

Rechenbeispiel

$$\frac{2.016}{10.134} \times 100\,\% = \mathbf{19{,}89\,\%}$$

Erläuterung

Die Vorratsintensität beschreibt den Anteil der in der Bilanz ausgewiesenen Vorräte am Gesamtvermögen und gibt damit Aufschluss über die Vermögensverteilung des Unternehmens. Diese Kennzahl sollte stets in Beziehung zur Branche des Unternehmens gesehen werden (so ist z.B. im produzierenden Gewerbe die Vorratsintensität höher als im Dienstleistungssektor). Im Zeitverlauf kann eine sich erhöhende Vorratsintensität bei konstanten Umsätzen ein Indikator für Absatzschwierigkeiten sein.
Bestreben vieler Unternehmen, insbesondere im Automobilsektor war und ist es, die Kosten für Vorratshaltung nachhaltig z.B. durch »Just in Time«-Produktion zu senken. Für den externen Betrachter liefert die Kennzahl auch erste Informationen bezüglich der Liquidierbarkeit des Vermögens.

Vorteile	Nachteile
• Es existieren i.d.R. branchenspezifische Vergleichszahlen • Im Zeitvergleich erster Indikator für grundlegende, strukturelle Veränderungen	• Bewertung der Vorräte stark von Bilanzierungspolitik abhängig (IFRS/US-GAAP/HGB) • Bezug zur GuV fehlt (z.B. Lageraufwand), dadurch geringere Aussagekraft • Unterscheidung von Rohstoffen, Halb- und Fertigerzeugnissen für genaue Analyse notwendig

3.8 Inventories to total capital

Formula

$$\frac{\text{Inventories}}{\text{Total assets or capital}} \times 100\%$$

Sample calculation

$$\frac{2{,}016}{10{,}134} \times 100\% = \mathbf{19.89\%}$$

Explanation

The ratio of inventories to total assets or capital delivers an insight into a company's asset distribution. It should always be compared to the industry's benchmark (e.g., the ratio in the manufacturing industry is of course in general larger than in the service sector). An increasing ratio over time at constant revenues may thus be an indication for sales difficulties.
An objective for many companies (especially in the automobile industry) has been to keep inventory costs sustainably low, which can be achieved through just-in-time production. From an external point of view, the ratio provides some information with respect to the time needed for liquidating assets.

Advantages	Disadvantages
• Usually industry-specific comparable ratios are available • Over time a first indicator for basic structural changes	• Valuation of inventories depends heavily on balance sheet policy (IFRS/US-GAAP/German GAAP) • No reference to income statement (e.g., store house expenses), thus little significance • Differentiation between raw materials, semi-finished and finished goods necessary for detailed analysis

3.9 Anlagenabnutzungsgrad

Formel

$$\frac{\text{Kumulierte Abschreibungen auf Sachanlagen}}{\text{Anschaffungs- und Herstellungskosten der Sachanlagen}}$$

Rechenbeispiel

$$\frac{2.650 + 402}{2.736 + 2.650 + 402} = \mathbf{0{,}53}$$

Erläuterung

Der Anlagenabnutzungsgrad wird nicht in Jahren ausgedrückt, sondern als Grad der Abschreibung aller Sachanlagen. Er liegt immer zwischen null und eins. Null bedeutet, dass alle Anlagen neu sind, eins dagegen, dass die Sachanlagen komplett abgeschrieben sind.

Ein Wert von nahe eins kann bei der Interpretation auf eine veraltete Produktionstechnologie (= Wettbewerbsnachteil) hinweisen und damit ein Hinweis auf eine im Branchenvergleich unterdurchschnittliche Produktivität sein. Die Kennzahl sollte stets in Verbindung mit dem technologischen Fortschritt der entsprechenden Branche bzw. der entsprechenden Technologie gesehen werden. Jedoch ist zu berücksichtigen, dass der Anlagenabnutzungsgrad von der Abschreibungspolitik des Unternehmens abhängt. So werden z.B. Anlagen oftmals in der kürzest möglichen Zeit abgeschrieben, die wirtschaftliche Nutzung findet jedoch über Jahre hinaus noch statt.

Vorteile	**Nachteile**
• Wichtige Kennzahl bei Produktionsunternehmen • Hinweis auf Investitionszyklen und Investitionsbedarf	• Vergleich ist verzerrt durch nicht durchgeführte Abgangsbuchungen (Restbuchwert in Bilanz) • Geringe Aussagekraft bei Dienstleistungsunternehmen • Kann zu Verzerrungen führen, falls unterschiedliche Abschreibungsmethoden verwendet werden • Vermögensstruktur ist beeinflussbar (Kauf vs. Leasing)

3.9 Degree of asset depreciation

Formula

$$\frac{\text{Accumulated depreciation on property, plant and equipment}}{\text{Historical cost of property, plant and equipment}}$$

Sample calculation

$$\frac{2{,}650 + 402}{2{,}736 + 2{,}650 + 402} = \mathbf{0.53}$$

Explanation

The degree of asset depreciation is not stated in years, but rather as a number between zero and one. Zero indicates that all assets have recently been acquired and have not depreciated, whereas one means that all assets have been completely written off.
A value of close to one may indicate an out-dated production technology (= competitive disadvantage) which may result in a below-average productivity in comparison to the industry. Of course this ratio should always be considered in conjunction with the specific industry's technological state of the art. In addition, one should consider that the degree of asset depreciation depends heavily on the company's write-down policy. For example, assets are often written-off as fast as possible, although economic use takes place years beyond the write-off period.

Advantages	Disadvantages
• Important figure for manufacturing companies • Indicator for investment cycles and needs	• Comparison is distorted if asset retirement posting are not made (residual book value) • Little significance for service companies • May lead to distortion if different write-down methods are applied • Asset structure can be influenced (purchase vs. leasing)

Kapitel / Chapter 4

Cash Flow-Kennzahlen / Cash flow ratios

4.1 Cash Flow aus operativer Geschäftstätigkeit

Formel | **Rechenbeispiel**

Formel	Rechenbeispiel
EBIT	1.452
– Steuern	– 711
+ Abschreibungen (– Zuschreibungen)	492
± Δ Langfristige Rückstellungen (exkl. Zinsanteil)	– 33
± Gewinn/Verlust aus Abgang des Sachanlagevermögens	3
+ Δ Working Capital	45
= **Cash Flow aus operativer Geschäftstätigkeit**	= **1.248**

Erläuterung

Der Cash Flow aus operativer (oder laufender) Geschäftstätigkeit stellt eine finanzielle Stromgröße dar und gibt den Zahlungsmittelüberschuss an, der durch das operative Geschäft in der betrachteten Periode erzielt wurde. Der Cash Flow gibt damit gewissermaßen das finanzielle Betriebsergebnis an. Dies geschieht, indem das EBIT, bzw. alternativ der Jahresüberschuss durch Größen bereinigt wird, die nicht zu Zahlungsströmen geführt haben bzw. die nicht dem operativen Geschäft zuzuordnen sind. Insbesondere bei der Unternehmensbewertung kommt dem Cash Flow eine große Bedeutung zu, da zu diesem Zweck die Summe der prognostizierten Cash Flows auf den heutigen Tag abgezinst werden (vgl. auch Discounted Cash Flow-Methode).

Vorteile	Nachteile
• Gibt Aussage über »freie Mittel«	• Vergleich zwischen Unternehmen kaum möglich
• Weniger manipulierbar als Jahresüberschuss	• Cash Flow alleine trifft keine Aussage, ob ein Unternehmen Shareholder Value generiert
• Guter retrospektiver Indikator für Unternehmenserfolg	
• Berechnung zeigt, inwieweit Abschreibungen das Ergebnis beeinflussen (»Abschreibungen müssen erwirtschaftet sein«)	

4.1 Cash flow from operating activities

Formula	Sample calculation
EBIT	1,452
– Taxes	(711)
+ Depreciation and amortization	492
± Change in long-term provisions (excl. interest)	(33)
± Profit (loss) on disposal of fixed assets	3
± Change in working capital	45
= Cash flow from operating activities	**= 1,248**

Explanation

Cash flow from operating activities indicates the cash flow which stems from operating activities during the period under review. The cash flow thus, to a certain extent, shows the financial result from operations. This is shown by adjusting EBIT, alternatively net income by the amounts which did not lead to the cash flow or that cannot be allocated to operating activities. The cash flow plays a major role in corporate valuations in particular, as the total forecast (free) cash flows are discounted to the their present value (e.g., Discounted cash flow method).

Advantages	Disadvantages
• Provides information on "available funds"	• Hardly possible to compare companies
• Cannot be manipulated as easily as net income	• Cash flow itself does not indicate if a company was able to generate shareholder value
• Good retrospective indicator for a company's success	
• Calculation shows the extent to which write-downs affect earnings ("write-downs have to be earned")	

4.2 Cash Flow aus Investitionstätigkeit

Formel **Rechenbeispiel**

	Auszahlungen für Investitionen ins Anlagevermögen, netto (Capex)	– 474
+	Auszahlungen für Investitionen in Finanzanlagen, netto (Finex)	0
±	Sonstige Aus- und Einzahlungen aus Investitionstätigkeit	150
=	**Cash Flow aus Investitionstätigkeit**	= **– 324**

Erläuterung

Der Cash Flow aus Investitionstätigkeit gibt den Saldo der Zahlungsmittel an, die das Unternehmen in den Erwerb von Finanz- und Sachanlagen investiert bzw. aus der Veräußerung von Finanz- und Sachanlagen erlöst hat.
In der Regel sollte der Cash Flow aus Investition negativ sein, zeigt er doch, dass das Unternehmen erwirtschaftete Mittel in den Fortbestand bzw. das Wachstum des Unternehmens reinvestiert. Der Cash Flow aus Investitionen in das Anlagevermögen wird häufig auch als Capex (Capital Expenditure), der Cash Flow aus Investitionen in das Finanzanlagevermögen auch als Finex (Financial Expenditure) bezeichnet.

Vorteile	**Nachteile**
• Gibt Aufschluss über Mittelverwendung	• Keine Aussage darüber, ob Erweiterungs- oder Ersatzinvestitionen getätigt wurden
• Gibt im Zusammenhang mit dem operativen Cash Flow Aufschluss über zusätzlich notwendiges Finanzvolumen	• Variiert stark im Zeitablauf
	• Keine Aussage über Sinnhaftigkeit der Investition

4.2 Cash flow from investing activities

Formula	Sample calculation
Capital expenditures, net (Capex)	(474)
+ Financial expenditures, net (Finex)	0
± Other investing cash flow items, total	150
= Cash flow from investing activities	**= (324)**

Explanation

Cash flow from investing activities shows the balance of cash funds that the company has invested in financial assets and property, plant and equipment or obtained from the sale of these assets.
As a rule, the cash flow from investing activities should be negative, because it shows that the company has reinvested the funds it has earned in the company's continued existence or growth. The cash flow from investments in fixed assets is often also referred to as "Capex" (capital expenditure), the cash flow from investments in financial assets as "Finex" (financial expenditure).

Advantages	Disadvantages
• Provides information on how funds are used • In conjunction with cash flow from operating activities, the ratio provides information on additional financing volume needed	• No information on whether investments are made for maintenance or expansion • Varies strongly over time • No information on how sensible an investment is

4.3 Cash Flow aus Finanzierungstätigkeit

Formel	**Rechenbeispiel**
Einzahlungen aus Eigenkapitalzuführungen	0
– Auszahlungen an Unternehmenseigner (z.B. Dividenden)	– 354
+ Einzahlungen aus Anleiheemisson und Kreditaufnahme	0
– Auszahlungen für Tilgung von Anleihen und Krediten	0
– Zinsaufwendungen und andere Finanzierungskosten	– 141
= Cash Flow aus Finanzierungstätigkeit	**= – 495**

Erläuterung

Der Cash Flow aus Finanzierung gibt Aufschluss über den Saldo der Zahlungsströme, die aus der Finanzierungstätigkeit zu- bzw. abgeflossen sind. Zuflüsse können dabei aus der Aufnahme von Eigenkapital (z.B. über einen Börsengang oder eine Sekundärplatzierung einer Kapitalerhöhung am Aktienmarkt) oder aus der Aufnahme von Fremdkapital (z.B. über die Begebung einer Anleihe oder die Aufnahme eines Darlehens) stammen, Abflüsse kommen durch die Ausschüttung an Anteilseigner oder die Tilgung von Verbindlichkeiten zustande.

Vorteile	**Nachteile**
• Verdeutlicht die Herkunft zusätzlicher Finanzmittel	• Alleine nicht aussagekräftig
• Gibt dem Betrachter wichtige Informationen über die Finanzierungstätigkeit und -fähigkeit der Unternehmung	• Variiert stark im Zeitablauf
• Durch die Zusammenführung des operativen Cash Flows, des Cash Flows aus Investitionstätigkeit und des Cash Flows aus Finanzierungstätigkeit lässt sich die Veränderung der liquiden Mittel ermitteln	• Lässt nur bedingt Rückschlüsse auf die zukünftige Entwicklung zu

4.3 Cash flow from financing activities

Formula	**Sample calculation**
Issuance of stock, net	0
– Total cash dividends paid	(354)
+ Issuance of debt (bonds and credits)	0
– Payments for redemption of bonds and credits	0
– Interest payments and other financing cash flow items	(141)
= Cash flow from financing activities	**= (495)**

Explanation

Cash flow from financing activities offers information on the balance of cash inflows and outflows from financing activities. Inflows may result from new equity (e.g., from going public or a secondary placement for a capital increase on the stock market) or from increasing debt (e.g., from issuing a bond or taking out a loan), outflows stem from disbursements to shareholders or repaying liabilities.

Advantages	**Disadvantages**
• Shows the origin of additional funding	• Not meaningful when taken alone
• Provides readers with key information on the company's financing activities and abilities	• Varies strongly over time
• Combining the cash flow from operating activities, the cash flow from investing activities and the cash flow from financing activities allows the change in cash and cash equivalents to be calculated	• Only allows limited conclusions regarding future performance to be drawn

4.4 Free Cash Flow

Formel | **Rechenbeispiel**

Cash Flow aus operativer Tätigkeit	1.248
– Capex, netto	– 474
= **Free Cash Flow**	= **774**

Erläuterung

Der Free Cash Flow bezeichnet die freien, dem Unternehmen zur Verfügung stehenden Mittel. Diese beschreiben das Wertpotential für Eigen- und Fremdkapitalgeber und stehen für die Ausschüttung von Dividenden, Gewinnthesaurierung oder Zahlung von Zinsen und Tilgung zur Verfügung. Der Free Cash Flow ist in der Regel der Ausgangspunkt einer Unternehmensbewertung.

Vorteile	**Nachteile**
• Kann als Grundlage zur Wertermittlung eines Unternehmens herangezogen werden	• Die Höhe der Fremdkapital- und Eigenkapitalkosten sind separat zu ermitteln
• Ist unabhängig von der Finanzierungsform	• Kann z.B. durch Investitionszyklen starken Schwankungen unterliegen
• Aus dem Jahresabschluss zu ermitteln	

4.4 Free cash flow

Formula	Sample calculation
Cash flow from operating activities	1,248
– Capex, net	(474)
= Free cash flow	**= 774**

Explanation

The free cash flow refers to the free funds available to the company. These funds describe the company's potential value for investors and creditors and are available for reinvestment of profits, or the payment of interest or credit redemption. The future free cash flows are generally the starting point for company valuation.

Advantages	Disadvantages
• Can be used as a basis for ascertaining a company's value • Does not depend on the form of financing • Can be calculated from the financial statements	• The amount of debt and equity costs must be calculated separately • Can be subject to strong fluctuations, for example from investment cycles

4.5 Cash Flow

Formel | **Rechenbeispiel**

Jahresüberschuss	882
+ Abschreibungen	492
± Δ Langfristige Rückstellungen	– 51
= **Cash Flow**	= **1.323**

Erläuterung

Ein alternativer Ansatz zum operativen Cash Flow ist die klassische Cash Flow Definition, bei der zum Jahresüberschuss lediglich die Abschreibungen und die Erhöhungen der langfristigen Rückstellungen hinzugezählt werden. Da Abschreibungen nicht zu einer Auszahlung führen, haben diese keine Auswirkung auf die Liquiditätssituation eines Unternehmens und werden daher im Zuge der Cash Flow-Berechnung zum Jahresüberschuss addiert. Der Cash Flow dient als besserer Indikator im Vergleich zum Jahresüberschuss, da unterschiedliche Abschreibungsmethoden eliminiert werden, was den Unternehmensvergleich vereinfacht. Jedoch sollte berücksichtigt werden, dass unterschiedliche Cash Flow Definitionen existieren. So werden z.B. für die Berechnung auch die Veränderungen des Working Capitals berücksichtigt.

Vorteile	**Nachteile**
• Cash Flow ist weniger manipulierbar als der Jahresüberschuss • Einfach verständlich • Einfache Berechnung möglich	• Unterschiedliche Cash Flow Definitionen bestehen, was die Vergleichbarkeit einschränkt • Kann z.B. durch Investitionszyklen starken Schwankungen unterliegen • Branchenübergreifende Vergleiche sind kaum möglich

4.5 Cash flow

Formula	**Sample calculation**
Net income	882
+ Depreciation and amortization	492
± Change in long-term provisions	(51)
= **Cash flow**	= **1,323**

Explanation

The alternative approach in comparison to operating cash flow for calculating cash flow is to add depreciation and amortization as well as changes in long-term provisions to net income. As depreciation does not lead to a direct cash outflow it does not affect a company's liquid funds and is therefore added to net income. Cash flow is a better indicator than net income, as different write-off methods are eliminated, making cross-company comparisons easier. One has to bear in mind though that different cash flow definitions exist, e.g. changes in working capital are also considered for calculating a company's cash flow.

Advantages	**Disadvantages**
• Cash flow less manipulated than net income	• Different definitions of cash flow exist, which limits comparability
• Intuitive	• Can be subject to strong fluctuations depending on investment cycles
• Easy to calculate	• Cross-industry comparisons are hardly possible

4.6 Capex zu Abschreibungen

Formel

$$\frac{\text{Capex (Auszahlungen für Investitionen ins Anlagevermögen)}}{\text{Abschreibungen}} \times 100\,\%$$

Rechenbeispiel

$$\frac{474}{492} \times 100\,\% = \mathbf{96{,}34\,\%}$$

Erläuterung

Diese Kennzahl setzt den Cash Flow aus Investitionen ins Anlagevermögen (oder Capital Expenditure = Capex) ins Verhältnis zu den Abschreibungen der Periode. Das Rechenbeispiel zeigt, dass die Neuinvestitionen niedriger als die Abschreibungen sind, wenn auch nur minimal. Die Abschreibungen wurden somit nicht vollständig reinvestiert, was darauf schließen lässt, dass keine Erweiterungsinvestitionen getätigt wurden und das operative Geschäft durch Reinvestitionen stabil aufrecht erhalten wird. Der große Mehrwert dieser Kennzahl ist, dass der Betrachter eine Orientierungsgröße und somit ein Gefühl für die Höhe der Neuinvestitionen bekommt.

Vorteile	Nachteile
• Die Höhe der Erweiterungsinvestitionen kann ermittelt werden • Es können Rückschlüsse auf Erhaltungsinvestitionen getroffen werden	• Abhängigkeit von Abschreibungsmethode • Capex darf nicht verwechselt werden mit Finex (Financial Expenditure) • Nur im Zeitablauf eine sinnvolle Größe

4.6 Capex to depreciation and amortization

Formula

$$\frac{\text{Capex, net}}{\text{Depreciation and amortization}} \times 100\,\%$$

Sample calculation

$$\frac{474}{492} \times 100\,\% = \mathbf{96.34\,\%}$$

Explanation

This indicator compares net cash flow from investments in fixed assed (or capital expenditure = Capex) to depreciation and amortization for the period. Our sample calculation shows, that new investments were slightly lower than depreciation. Depreciation was thus nearly fully reinvested, which allows us to conclude that the company invests in order to keep operations stable. A ratio higher than 100 % would indicate further expansion. This indicators' greatest added value is that the observer has a figure they can use to gain a feeling for the amount of new investments.

Advantages	**Disadvantages**
• Allows the amount of investments in expansion to be calculated • Conclusions can be drawn about maintenance investments	• Ratio depends on write-down method • Capex may not be confused with Finex (financial expenditure) • Only a meaningful figure when observed over time

4.7 Capex zu Umsatz

Formel

$$\frac{\text{Capex (Auszahlungen für Investitionen ins Anlagevermögen)}}{\text{Umsatz}} \times 100\,\%$$

Rechenbeispiel

$$\frac{474}{14.019} \times 100\,\% = \mathbf{3{,}38\,\%}$$

Erläuterung

Die Kennzahl Capex zu Umsatz setzt die jährlichen Investitionen in das Anlagevermögen als Bestandteil des Cash Flows aus Investitionstätigkeit ins Verhältnis zum Umsatz.
Die Kennzahl drückt somit aus, wie viel Prozent des Umsatzes neu investiert werden. Diese Kennzahl ist dynamisch und somit schwieriger zu beeinflussen als statische Kennzahlen.

Vorteile	Nachteile
• Ermöglicht die Ermittlung von Effizienzsteigerungen • Erlaubt Rückschlüsse auf Versäumnisse der Investitionspolitik • Umsatz ist weniger anfällig für bilanzpolitische Maßnahmen (somit reinere Kennzahl als Abschreibungen)	• Keine eindeutige Aussage, da eine niedrige Verhältniszahl sowohl Effizienzsteigerungen als auch Versäumnisse in der Investitionspolitik ausdrücken kann • Lediglich im Zeitablauf sinnvolle Größe • Kann im Zeitablauf stark schwanken

4.7 Capex to sales

Formula

$$\frac{\text{Capex, net}}{\text{Sales}} \times 100\,\%$$

Sample calculation

$$\frac{474}{14{,}019} \times 100\,\% = \mathbf{3.38\,\%}$$

Explanation

The indicator Capex to sales is the ratio of net annual investments in a company's assets as a component of the cash flow from investing activities to total sales.
This indicator thus expresses the percentage of revenue that was re-invested. This indicator is dynamic and thus more difficult to impact than static indicators.

Advantages	Disadvantages
• Allows increases in efficiency to be calculated • Allows conclusions to be drawn regarding omissions in investment policy • Revenue is less susceptible to accounting policy (and is thus a "purer" indicator than depreciation/amortization)	• No clear information, as a lower ratio could express both efficiency increases as well as omissions in investment policy • Only a meaningful figure when taken over time • Can fluctuate heavily over time

Kapitel / Chapter 5

Profitabilitätskennzahlen / Profitability ratios

5.1 EBIT-Marge

Formel

$$\frac{\text{EBIT}}{\text{Umsatz}} \times 100\,\%$$

Rechenbeispiel

$$\frac{1.452}{14.019} \times 100\,\% = \mathbf{10{,}36\,\%}$$

Erläuterung

Die EBIT-Marge (EBIT = Earnings before Interest and Taxes) zeigt, wie viel Prozent des operativen Gewinns vor Zinsen, Steuern und Finanzergebnis ein Unternehmen pro Umsatzeinheit erwirtschaften konnte. Die Kennzahl gibt somit Auskunft über die Ertragskraft eines Unternehmens. Je höher die EBIT-Marge ist, desto stärker wirkt sich eine Umsatzveränderung auf das Ergebnis aus. Werden über einen längeren Zeitraum keine positiven EBIT-Margen erzielt, so stellt dies bei einem etablierten Unternehmen das Geschäftsmodell in Frage. Die EBIT-Marge ist als relative Kennzahl geeignet, Unternehmen international und über verschiedene Branchen hinweg zu vergleichen. Sie gibt im Zeitverlauf betrachtet Aufschluss darüber, ob ein Unternehmen seine Ertragskraft steigern konnte. Ist dies nicht der Fall, sollten die genauen Gründe dafür hinterfragt werden.

Vorteile	Nachteile
• Vereinfacht die internationale Vergleichbarkeit • Unabhängig von nationalen Steuervorschriften • Unabhängig von der Finanzierungsform • Dient dem Vergleich im Zeitablauf	• Unterschiedliche Abschreibungsmodalitäten erschweren den Vergleich • Verzerrung durch die Einbeziehung von Einkommen, welches nicht direkt dem operativen Geschäft zugerechnet werden kann • Die Qualität des operativen Ergebnisses kann verschlechtert, das Ergebnis an sich aber erhöht werden (z.B. Senkung F&E-Kosten)

5.1 EBIT margin

Formula

$$\frac{\text{EBIT}}{\text{Sales}} \times 100\,\%$$

Sample calculation

$$\frac{1{,}452}{14{,}019} \times 100\,\% = \mathbf{10.36\,\%}$$

Explanation

The EBIT margin (or operating margin) shows the percentage of earnings from operations before interest, taxes and the financial result that a company was able to record per unit of revenue. This indicator thus provides information on a company's earnings power. The higher the EBIT margin, the stronger the impact of a change in sales will be on earnings. If no positive EBIT margins are generated over a longer period, then in the case of established companies, the business model must be questioned. The EBIT margin is suitable for use as a relative indicator in international, cross-industry comparisons of companies. When considered over time, this indicator provides information on whether a company has been able to increase its earnings power. If the company has not been able to succeed in this endeavor, then the reasons for this should be analyzed.

Advantages	Disadvantages
• Simplifies international comparability • Independent of national tax requirements • Independent of type of financing • Used for comparison over time	• Various write-down methods make comparability more difficult • Distortion from inclusion of income which cannot be directly allocated to operating activities • The quality of operating results can worsen even though the earnings themselves are rising (e.g., if R&D costs fall)

5.2 EBITDA-Marge

Formel

$$\frac{\text{EBITDA}}{\text{Umsatz}} \times 100\,\%$$

Rechenbeispiel

$$\frac{1.944}{14.019} \times 100\,\% = \mathbf{13{,}87\,\%}$$

Erläuterung

Die EBITDA-Marge zeigt, wie viel Prozent des operativen Gewinns vor Zins- und Steuerzahlungen und Abschreibungen ein Unternehmen pro Umsatzeinheit erwirtschaften konnte.
Die Kennzahl gibt somit Auskunft über die Ertragskraft eines Unternehmens. Die EBITDA-Marge ist insbesondere im internationalen Vergleich eine wertvolle Kennzahl, da unterschiedliche Rechnungslegungsvorschriften, Steuergesetze oder die Abschreibungspolitik keinen Einfluss auf die Berechnung der Kennzahl haben. Zudem eignet sich die Kennzahl unter anderem für junge Unternehmen, die noch keinen Gewinn erwirtschaften. Eine positive EBITDA-Marge ist in diesem Fall ein Indikator für die Funktionsfähigkeit des Geschäftsmodells.

Vorteile	**Nachteile**
• Vereinfacht den internationalen Vergleich • Nicht durch unterschiedliche Abschreibungsmodalitäten beeinflusst • Erlaubt Aussagen über die Kostenentwicklung im Zeitablauf	• Strategische Beteiligungen finden bei Nicht-Konsolidierung keine Berücksichtigung • Durch die Bildung von Joint Ventures können ggf. erhebliche Kostenblöcke aus der GuV eliminiert werden • Durch die Variation von Aufwandsbestandteilen kann die Höhe und die Qualität dieser Kennzahl beeinflusst werden

5.2 EBITDA margin

Formula

$$\frac{\text{EBITDA}}{\text{Sales}} \times 100\,\%$$

Sample calculation

$$\frac{1{,}944}{14{,}019} \times 100\,\% = \mathbf{13.87\,\%}$$

Explanation

The EBITDA margin shows the percentage of operating income before interest expense (income) and depreciation/amortization that a company was able to record per unit of revenue.
This indicator thus provides information on a company's earnings strength. The EBITDA margin is a valuable indicator in particular in international comparisons, as the various accounting standards, tax laws and write-down policies do not impact calculation of the margin. In addition, this indicator is also suitable for use by young companies which are not yet recording any profits. In these cases, a positive EBITDA margin indicates the ability of the business model to work profitably.

Advantages	**Disadvantages**
• Simplifies international comparisons • Not impacted by various write-down modalities • Allows statements to be made on expense development over time	• Strategic equity interests are not considered if not consolidated • Significant cost blocks can be eliminated from the income statement via the formation of joint ventures • Varying expense components can impact the amount and quality of this indicator

5.3 Rohertragsmarge

Formel

$$\frac{\text{Bruttoergebnis}}{\text{Umsatz}} \times 100\,\%$$

Rechenbeispiel

$$\frac{9.015}{14.019} \times 100\,\% = \mathbf{64{,}31\,\%}$$

Erläuterung

Die Rohertragsmarge (oder auch Bruttogewinnspanne) sagt aus, wie viel Prozent der Umsatzerlöse dem Unternehmen als Rohertrag (Umsatz minus direkter Produktions-/Materialaufwand) zur Verfügung stehen. Im Handel wird auch von der Handelsspanne gesprochen. Die Kennzahl zeigt in der Entwicklung, wie sich die Beschaffungspreise eines Unternehmens verändern. Die Kennzahl gibt unter anderem Aufschluss darüber, wie groß der mögliche Preissenkungsspielraum ist, falls sich die Wettbewerbssituation verschärft.

Vorteile	Nachteile
• Die Rohertragsmarge ermöglicht Rückschlüsse auf die Produktions- bzw. Einkaufseffizienz • Dient dem Industrievergleich • Gibt Aufschluss über die Wettbewerbsstärke eines Unternehmens (Möglichkeit der Preisreduzierung)	• Die Rohertragsmarge ist nur in Verbindung mit der EBIT-Marge aussagekräftig, da aufgrund unterschiedlicher Zuordnung von Produktionskosten bilanzpolitische Veränderungen vorgenommen werden können • Industrieübergreifend nicht aussagekräftig

5.3 Gross profit margin

Formula

$$\frac{\text{Gross profit}}{\text{Sales}} \times 100\,\%$$

Sample calculation

$$\frac{9{,}015}{14{,}019} \times 100\,\% = \mathbf{64.31\,\%}$$

Explanation

The gross profit margin tells us the percentage of sales that the company has available as gross profit (total sales less cost of sales). Retailers also speak of the retail margin. The growth of this indicator shows how a company's procurement prices have changed. The indicator also offers information on the possible latitude available for price cuts if competition becomes more intense.

Advantages	Disadvantages
• The gross profit margin allows conclusions to be drawn about production and procurement efficiency	• The gross profit margin is only meaningful in conjunction with the EBIT margin, as there may be changes to accounting policy due to the different classification of production costs
• Used in industry comparisons	• Not meaningful in cross-industry comparisons
• Provides information on a company's competitive strength (possibility to cut prices)	

5.4 Gesamtkapitalrentabilität

Formel

$$\frac{\text{Jahresüberschuss} + \text{Steuern} + \text{Fremdkapitalzinsen}}{\text{Gesamtkapital (Eigenkapital} + \text{Fremdkapital)}} \times 100\,\%$$

Rechenbeispiel

$$\frac{882 + 594 + 12}{10.134} \times 100\,\% = \mathbf{14{,}68\,\%}$$

Erläuterung

Die Gesamtkapitalrentabilität zeigt die Verzinsung des eingesetzten Kapitals, sowohl Eigen- als auch Fremdkapital. Dabei wird der Jahresüberschuss um Steuern und Zinsen erweitert, um eine bessere Vergleichbarkeit zu erzielen. Im Zeitverlauf kann der Bilanzleser die Leistung der Unternehmung interpretieren und Vergleiche mit anderen Unternehmen vornehmen. Diese Kennzahl dient generell als Ausgangspunkt für alle weiteren Analysen mit Hilfe von Rentabilitätskennzahlen.

Vorteile	Nachteile
• Gute Aussagekraft bezüglich der Verzinsung des Gesamtkapitals	• Große Abhängigkeit von Bilanzpolitik
• Branchenübergreifende Vergleichbarkeit	• Schlechte Aussagekraft bei Wachstumswerten

5.4 Return on total capital

Formula

$$\frac{\text{Net income + Income tax + Interest expense, net operating}}{\text{Total liabilities and shareholders' equity}} \times 100\,\%$$

Sample calculation

$$\frac{882 + 594 + 12}{10{,}134} \times 100\,\% = \mathbf{14.68\,\%}$$

Explanation

This ratio shows the interest on total capital, which comprises both total equity and liabilities. In this ratio, taxes and interest expense are added to net income in order to achieve better comparability. Over time, observers can interpret the company's performance and make comparisons with other companies. This indicator is generally used as a starting point for all further analyses using profitability indicators.

Advantages	Disadvantages
• Very meaningful regarding return on total capital	• Highly dependent on accounting policy
• Cross-industry comparisons possible	• Poor meaningfulness for high-growth companies

5.5 Eigenkapitalrendite

Formel

$$\frac{\text{Jahresüberschuss} \pm \text{Außerordentliches Ergebnis}}{\text{Eigenkapital}} \times 100\,\%$$

Rechenbeispiel

$$\frac{882}{5.493} \times 100\,\% = \mathbf{16{,}06\,\%}$$

Erläuterung

Die Eigenkapitalrendite setzt den Jahresüberschuss, bereinigt um das außerordentliche Ergebnis, ins Verhältnis zu dem bilanziellen Eigenkapital der Periode. Die Kennzahl gibt somit Aufschluss darüber, wie das Kapital der Aktionäre verzinst wurde. Bleiben die Gewinne konstant, so steigt die Rendite je niedriger das hierfür eingesetzte Eigenkapital ist (Hebeleffekt des Fremdkapitals).
Ziel eines Unternehmens muss es sein, eine Rendite zu erzielen, die über dem Kapitalmarktzins zuzüglich einer branchenabhängigen Risikoprämie liegt (insgesamt ca. 5–10 %).

Vorteile	**Nachteile**
• Sehr praxisrelevant • Guter Indikator für Investitionsentscheidungen • Aussagekräftig auch für branchenübergreifende Analysen	• Renditen sollten über einen längeren Zeitraum betrachtet werden • Verschuldung wird nicht berücksichtigt • Bilanzierungswahlrechte können die Kennzahl verfälschen

5.5 Return on equity

Formula

$$\frac{\text{Net income excl. extraordinary items}}{\text{Total equity}} \times 100\,\%$$

Sample calculation

$$\frac{882}{5{,}493} \times 100\,\% = \mathbf{16.06\,\%}$$

Explanation

The return on equity is calculated by dividing net income excluding extraordinary items by total equity, i.e. the common shareholders' equity. This indicator shows the rate of return on shareholders' capital for the period. Given constant profits, the return on equity increases the lower the level of equity employed (leverage effect).
A company's goal must be to generate a return that corresponds to the interest rate on the capital markets plus an industry-dependent risk premium (in total generally between 5–10 %).

Advantages	Disadvantages
• Highly relevant in practice • Good indicator for investments • Meaningful in cross-industry comparisons	• Returns should be observed over the long term • Debt is not taken into account • Accounting options can falsify net income

5.6 Durchschnittliche Anlagenrendite

Formel

$$\frac{\text{Jahresüberschuss}}{\text{Durchschnittliches Gesamtvermögen}} \times 100\,\%$$

Rechenbeispiel

$$\frac{882}{\frac{(10.134 + 9.894)}{2}} \times 100\,\% = \mathbf{8{,}81\,\%}$$

Erläuterung

Die durchschnittliche Anlagenrendite ähnelt der Gesamtkapitalrendite, jedoch wird hierbei nur der Jahresüberschuss ins Verhältnis zu den durchschnittlich gebunden Vermögensgegenständen gesetzt. Die Tatsache, dass Steuern und Zinsaufwendungen nicht adjustiert werden, beeinträchtigt die Vergleichbarkeit der Kennzahl, da der Jahresüberschuss durch viele Rechnungslegungsvorschriften und Wahlrechte beeinflusst wird. Im Zeitverlauf wird jedoch die Performance eines Unternehmens sichtbar.

Vorteile	**Nachteile**
• Langfristig guter Indikator für die Leistungsstärke eines Unternehmens • Einfach zu berechnen • Der durchschnittliche Bestand an Anlagen macht die Kennzahl etwas weniger statisch	• Branchenübergreifende Vergleiche sehr schwierig • Abschreibungspolitik hat starken Einfluss auf den Jahresüberschuss • Unternehmen, die über Jahre hinweg nicht investieren, erzielen steigende, durchschnittliche Anlagenrenditen • Nicht bilanziertes Leasing findet keine Berücksichtigung

5.6 Return on average total assets

Formula

$$\frac{\text{Net income}}{\text{Average total assets}} \times 100\,\%$$

Sample calculation

$$\frac{882}{\frac{(10{,}134 + 9{,}894)}{2}} \times 100\,\% = \mathbf{8.81\,\%}$$

Explanation

This ratio compares net income to average total assets, which corresponds to the return on total capital. In this ratio, taxes and interest expense are not adjusted, which makes comparability between companies more difficult, as net income is strongly affected by accounting policies. Over time, analysts can interpret the company's performance.

Advantages	**Disadvantages**
• Good indicator over time for evaluating a company's performance in the long-term	• Cross-company comparisons are difficult
• Easy to calculate	• Depreciation policy has a major impact on net income and assets
• Average total assets makes indicator less static	• Companies that do not invest are for years are rewarded with an increasing return on average total assets
	• Leasing is not included

5.7 Return on Invested Capital (ROIC)

Formel

$$\frac{\text{NOPAT}}{\text{Investiertes Kapital}} \times 100\,\%$$

Rechenbeispiel

$$\frac{851}{7.389} \times 100\,\% = \mathbf{11{,}52\,\%}$$

Erläuterung

Der Return on Invested Capital (ROIC) ist die Rendite auf das eingesetzte, bereinigte Kapital eines Unternehmens. Um unterschiedliche Finanzierungsstrukturen zu berücksichtigen, wird für die Errechnung der Kennzahl das NOPAT (vgl. S. 36) dem investierten Kapital gegenübergestellt (Berechnung vgl. S. 66). Der ROIC ist gleichzeitig die Vorstufe für die Ermittlung des Economic Value Added® (vgl. S. 232), der besagt, dass ein Unternehmen nur Wert für die Aktionäre schafft (sog. Shareholder Value), sofern der ROIC die Kapitalkosten eines Unternehmens übersteigt.

Vorteile	**Nachteile**
• Dient der Ermittlung der rein durch betriebliche Tätigkeit erzielbaren Rentabilität • Das investierte Kapital spiegelt das rein operative Betriebsvermögen wider • Es werden auch Komponenten berücksichtigt, die nicht in der Bilanzsumme erscheinen (z.B. Leasing)	• Adjustierungen erlauben einen gewissen Freiheitsgrad • Kapitalkosten finden keine Berücksichtigung • Es sollte nicht vergessen werden, dass auch Vermögensgegenstände, die keine Berücksichtigung innerhalb des operativen Betriebsvermögens finden, eine Rendite zu erwirtschaften haben

5.7 Return on invested capital (ROIC)

Formula

$$\frac{\text{NOPAT}}{\text{Invested capital}} \times 100\,\%$$

Sample calculation

$$\frac{851}{7{,}389} \times 100\,\% = \mathbf{11.52\,\%}$$

Explanation

Return on invested capital (ROIC) shows the return on the company's adjusted, invested capital. In order to take various financing structures into account, when calculating this indicator the invested capital (calculation see page 67) is compared with NOPAT (see page 37). At the same time, ROIC is also the preliminary stage in calculating economic value added® (see page 233), which tells us that a company only creates value for its shareholders (so-called shareholder value) if the ROIC is higher than a company's cost of capital.

Advantages	Disadvantages
• Used in calculating the profitability generated purely from operating activities • Invested capital reflects the pure operating assets • Components are also taken into account that are not reflected in total assets, such as leasing	• Adjustments allow a certain latitude • Costs of capital are not taken into account • We must not forget, that assets which are not considered as operating assets must also generate a return

5.8 Return on Capital Employed (ROCE)

Formel

$$\frac{\text{EBIT}}{\text{(Netto-) Anlagevermögen + Working Capital}} \times 100\,\%$$

Rechenbeispiel

$$\frac{1.452}{3.093 + 3.453} \times 100\,\% = \mathbf{22{,}18\,\%}$$

Erläuterung

Der Return on Capital Employed (ROCE) stellt das EBIT dem eingesetzten Kapital einer Periode gegenüber, wodurch die Ertragskraft des Gesamtkapitals ermittelt wird. Das Capital Employed ist in der Regel aktivisch definiert, passivisch würde es dem Eigenkapital plus Pensionsrückstellungen und Netto-Finanzverbindlichkeiten entsprechen.
Die Problematik des ROCE besteht darin, dass die Kennzahl auf (bereits abgeschriebenen) Restbuchwerten basiert. Somit würde sich die Renditegröße im Zeitverlauf stets erhöhen, selbst wenn das Unternehmen keine weiteren Investitionen tätigt.

Vorteile	Nachteile
• Der reine operative Erfolg wird bewertet	• Basiert auf buchhalterischem Zahlenmaterial
• Es findet eine Bereinigung von Gewinn und Vermögen statt, die nicht dem operativen betrieblichen Prozess dienen	• Kapitalkosten bleiben unberücksichtigt
• Die Rendite wird in das Verhältnis zum eingesetzten Kapital gesetzt (deutlich verbesserte Kennzahl als der Gewinn nach Steuern)	

5.8 Return on capital employed (ROCE)

Formula

$$\frac{\text{EBIT}}{\text{Fixed assets, net + Working capital}} \times 100\,\%$$

Sample calculation

$$\frac{1{,}452}{3{,}093 + 3{,}453} \times 100\,\% = \mathbf{22.18\,\%}$$

Explanation

Return on capital employed (ROCE) contrasts EBIT with the capital employed during a period, which allows us to calculate the company's earnings power. As a rule, capital employed is defined as being an asset, on the liabilities side it would correspond to equity plus pension provisions and net financial liabilities.

The problem with ROCE is that the indicator is based on residual book values (that have already been written down). This means that the returns would always increase over time, even if the company made no further investments.

Advantages	**Disadvantages**
• Measures pure operational success • An adjustment is made to income and assets which do not serve the operating process • The return is shown as a ratio on capital employed (significantly better indicator than income after tax)	• Based on accounting material • Costs of capital are not taken into account

5.9 Return on Investment (ROI)

Formel

Umsatzrentabilität × Umschlaghäufigkeit (bzw. Kapitalumschlag)

$$= \frac{\text{Gewinn}}{\text{Umsatz}} \times \frac{\text{Umsatz}}{\text{Gesamtkapital}} \times 100\,\%$$

Rechenbeispiel

$$\frac{882}{14.019} \times \frac{14.019}{10.134} \times 100\,\% = 0{,}063 \times 1{,}38 \times 100\,\% = \mathbf{8{,}69\,\%}$$

Erläuterung

Der Return on Investment setzt sich aus der Umsatzrentabilität multipliziert mit der Umschlaghäufigkeit des Gesamtkapitals zusammen.
Zusammengefasst (Umsatz aus den Gleichungen jeweils kürzen) würde es nur den Gewinn auf das Gesamtkapital darstellen. Doch zeigt die erweiterte Formel transparenter die Werttreiber des Return on Investment. Die Kennzahl dient im Zeitverlauf der Performance Messung des eingesetzten Kapitals und lässt in der verlängerten Formel die Gründe für Veränderungen schneller erkennen.

Vorteile	**Nachteile**
• Wichtige Kennzahl für Anlageentscheidungen	• Investitionstätigkeiten können negativen Einfluss auf Kennzahl nehmen
• Branchenübergreifende Vergleichbarkeit	• Abschreibungen auf Anlagevermögen wirken stark beeinflussend
• Transparenz der Faktoren, die Veränderungen im Zeitverlauf bringen (Kosten, Preis, Marge)	• Unternehmen, die nicht investieren, werden mit besserem ROI belohnt

5.9 Return on investment (ROI)

Formula

Return on sales × Turnover (or capital turnover)

$$= \frac{\text{Net income}}{\text{Sales}} \times \frac{\text{Sales}}{\text{Total liabilities and shareholders' equity}} \times 100\,\%$$

Sample calculation

$$\frac{882}{14{,}019} \times \frac{14{,}019}{10{,}134} \times 100\,\% = 0.063 \times 1.38 \times 100\,\% = \mathbf{8.69\,\%}$$

Explanation

Return on investment comprises the return on sales multiplied with the turnover of total equity and liabilities. If summarized (cancel out sales from the fractions) this would only show the profit on total equity and liabilities. However the expanded formula shows the value driver of return on investment in a more transparent manner. When taken over time, this indicator helps in measuring the performance of the capital employed and the expanded formula allows the reasons for changes to be recognized more quickly.

Advantages	Disadvantages
• Key indicator for investment decisions	• Investment activities can negatively impact this indicator
• Comparable across industries	• Write-downs for assets have a major impact
• Transparency for factors that cause change over time (costs, price, margins)	• Companies that do not invest are rewarded with a better ROI

5.10 Umsatzrendite

Formel

$$\frac{\text{Gewinn}}{\text{Umsatz}} \times 100\,\%$$

Rechenbeispiel

$$\frac{882}{14.019} \times 100\,\% = \mathbf{6{,}3\,\%}$$

Erläuterung

Wird der Gewinn (Jahresüberschuss) ins Verhältnis zum Umsatz gesetzt, so erhält man die Umsatzrendite. Die Kennzahl zeigt auf, welcher Prozentsatz des Umsatzes nach Abzug aller Kosten, des Finanzergebnisses, Steuern und außerordentlicher Positionen dem Unternehmens als Gewinn zufließt. Die Umsatzrendite ist insbesondere innerhalb einer Unternehmung für den Vergleich einzelner Konzerneinheiten eine sinnvolle Größe, um zu beurteilen, welcher Teilbereich welche Rendite erwirtschaften konnte. Somit lassen sich rentable von unrentablen Geschäftseinheiten unterscheiden. Jedoch ist der Gewinn stark schwankungsanfällig, so dass die EBIT-Marge eine stärkere Aussagekraft hat, als die Umsatzrendite.

Vorteile	**Nachteile**
• Aussage bezüglich Produktivität • Ggf. Potential zur Kostenreduktion erkennbar	• Starke Produktabhängigkeit, somit eingeschränkte Vergleichbarkeit • Sehr starke Branchenabhängigkeit • Keine Aussage, ob Sondereffekte das Verhältnis verbesserten oder nicht • Gewinn ist manipulierbarer als Cash Flow

5.10 Return on sales

Formula

$$\frac{\text{Net income}}{\text{Sales}} \times 100\,\%$$

Sample calculation

$$\frac{882}{14{,}019} \times 100\,\% = \mathbf{6.3\,\%}$$

Explanation

If we divide profits (net income) by sales we can see the return on sales. This indicator shows the percentage of sales accrues to the company as profits after the deduction of all costs, the financial result, taxes and extraordinary items. The return on sales is a meaningful figure, in particular within a company when comparing individual group units, to assess which unit was able to generate which return. This allows a differentiation to be made between profitable and non-profitable business units. However, profits are highly subject to fluctuations, which means that the EBIT margin is more meaningful than the return on sales.

Advantages	Disadvantages
• Information on productivity • May be possible to recognize cost-cutting potential	• Highly product-dependent, thus limited comparability • Very highly industry-dependent • No information whether extra-ordinary factors improved the ratio or not • Profits can be manipulated more easily than cash flow

5.11 Cash Flow-Marge

Formel

$$\frac{\text{Cash Flow aus operativer Geschäftstätigkeit}}{\text{Umsatz}} \times 100\,\%$$

Rechenbeispiel

$$\frac{1.248}{14.019} \times 100\,\% = \mathbf{8{,}90\,\%}$$

Erläuterung

Die Cash Flow-Marge, oder auch Cash Flow-Profitabilität bzw. Umwandlungsquote genannt, errechnet sich, indem der operative Cash Flow dem Umsatz der jeweiligen Periode gegenübergestellt wird. Die Cash Flow-Marge gibt an, wie viel Prozent der Umsatzerlöse dem Unternehmen für Investitionen, Schuldentilgung und Dividendenzahlungen zur Verfügung stehen. Sie ist ebenfalls ein guter Indikator für die operative Ertrags- und Finanzierungskraft eines Unternehmens, da der Cash Flow weniger bilanzpolitisch beeinflusst ist als etwa das EBIT. So kann beispielsweise eine im Zeitverlauf sinkende EBIT-Marge aufgrund gestiegener Abschreibungen durch zusätzliche Betrachtung der Cash Flow-Marge objektiviert werden.

Vorteile	**Nachteile**
• Bilanzpolitisch kaum beeinflussbar	• Kann im Zeitablauf stark schwanken
• Guter Indikator für operative Ertragskraft eines Unternehmens im Zeitverlauf	• Der Cash Flow eines Jahres hat nur geringe Aussagekraft

5.11 Cash flow margin

Formula

$$\frac{\text{Cash flow from operating activities}}{\text{Sales}} \times 100\,\%$$

Sample calculation

$$\frac{1{,}248}{14{,}019} \times 100\,\% = \mathbf{8.90\,\%}$$

Explanation

The cash flow margin, also known as cash flow profitability is calculated by comparing the cash flow from operating activities to sales of a fiscal year. The cash flow margin is therefore an indicator, what percentage of total sales is available for investments, credit redemption or dividend payments. It is also meaningful for assessing the company's earnings and financing power, as cash flow is less manipulated than EBIT for example. As a consequence, a decreasing EBIT margin over time due to increased depreciation and amortization can be put into perspective when comparing it to the cash flow margin.

Advantages	Disadvantages
• Hard to manipulate for purposes of balance sheet policies • Good indicator for operative earnings power of a company over time	• Can vary strongly over time • The cash flow of a single period has only minimal significance

5.12 Reinvestitionsquote

Formel

$$\frac{\Delta \text{ Investiertes Kapital}}{\text{NOPAT}} \times 100\,\%$$

Rechenbeispiel

$$\frac{7.389 - 7.104}{851} \times 100\,\% = \mathbf{33{,}49\,\%}$$

Erläuterung

Die Reinvestitionsquote beschreibt, welcher Teil des operativen Ergebnisses nach Steuern (NOPAT, Berechnung vgl. S. 36) wieder in neue Vermögensgegenstände investiert wurde, mit denen in den Folgejahren Erträge erwirtschaftet werden sollen (Berechnung des investierten Kapitals vgl. S. 66). Im obigen Beispiel ist die Reinvestitionsquote positiv, da das investierte Kapital im Vergleich zur Vorperiode anstieg. Sofern das NOPAT in zukünftigen Perioden auf diesem Niveau verharrt, würde sich der ROIC (vgl. S. 106) leicht verringern.

Vorteile	**Nachteile**
• Aussage bezüglich der Finanzkraft (NOPAT gute Annäherung für den Cash Flow) • Aussage bezüglich der Innovationskraft bzw. -freudigkeit • Produktivitätssteigerungsabsicht erkennbar	• Stark branchenabhängig • Schlechte Aussage bei Produktionsveränderungen

5.12 Reinvestment rate (I)

Formula

$$\frac{\Delta \text{ Invested capital}}{\text{NOPAT}} \times 100\,\%$$

Sample calculation

$$\frac{7{,}389 - 7{,}104}{851} \times 100\,\% = \mathbf{33.49\,\%}$$

Explanation

The reinvestment rate shows the proportion of the operating result after taxes (NOPAT, for calculation see page 37) is reinvested in new assets which will be used to generate income in subsequent years (for calculation of invested capital see page 67). In the example above, the reinvestment rate is positive, as the invested capital increased. In case NOPAT remains at this level in future years, the return on invested capital (ROIC, see page 107) would slightly decrease.

Advantages	**Disadvantages**
• Information on financial strength (NOPAT is a good approximation for cash flow)	• Highly industry-dependent
• Information on innovational strength and readiness	• Poor information given changes in production
• Intention to increase productivity can be recognized	

5.13 Working Capital zu Umsatz

Formel

$$\frac{\text{Working Capital}}{\text{Umsatz}} \times 100\,\%$$

Rechenbeispiel

$$\frac{3.453}{14.019} \times 100\,\% = \mathbf{24{,}63\,\%}$$

Erläuterung

Diese Kennzahl setzt das Working Capital (vgl. S. 154) ins Verhältnis zum Umsatz und vermittelt so dem externen Betrachter über den Umschlagsgrad des Working Capital zur Generierung von Umsätzen. Die Kennzahl ist i.d.R. stark branchenabhängig, da z.B. Handelsunternehmen mit sehr kurzer Umschlagsdauer weit weniger Working Capital benötigen als Unternehmen aus der Maschinen- oder Automobilbau-Branche.
Im obigen Beispiel ist das Working Capital mit annähernd 25 % vom Umsatz sehr stark vertreten. Berücksichtigt man jetzt noch einen zusätzlichen Ratio, bspw. Umlaufvermögen/Kurzfristige Verbindlichkeiten ((6.888/2.814) x 100 % = 244,78 %), so verfügt die Unternehmung über mehr als doppelt soviel kurzfristige Mittel, als nötig wären, um die kurzfristigen Verbindlichkeiten zu tilgen. In diesem Falle würde die hohe Liquidität zwar zunächst einen sehr positiven Eindruck machen, ginge aber zu Lasten der Rentabilität.

Vorteile	**Nachteile**
• Zeigt die Kapitalbindung eines Unternehmens auf	• Industrieübergreifende Vergleiche sind nicht aussagefähig
• Insbesondere bei Kapazitätsausweitungen können zusätzliche Investitionserfordernisse errechnet werden	• Es kann bei Kapazitätsausweitungen (-veränderungen) zu einer Verwässerung der Aussagefähigkeit kommen
• Erlaubt Rückschlüsse auf die Effizienz des Produktionsablaufes im Wettbewerbsvergleich	

5.13 Working capital to sales

Formula

$$\frac{\text{Working capital}}{\text{Sales}} \times 100\,\%$$

Sample calculation

$$\frac{3{,}453}{14{,}019} \times 100\,\% = \mathbf{24.63\,\%}$$

Explanation

This indicator shows the ratio of working capital (see page 155) to sales and thus provides external observers the turnover of working capital for generating revenues. The ratio is strongly industry dependent, as retailers with very high turnover ratios need far less working capital for generating sales than mechanical engineering or automobile companies.
In the example above, there is a large amount of working capital at almost 25 % of revenues. If we now consider another ratio, for example current assets/current liabilities ((6,888/2,814) x 100 % = 244.78 %), we can see that the company has more than twice as much current funding as would be necessary to repay the current liabilities. In this case, the high liquidity would initially make a very positive impression, however at the expense of profitability.

Advantages	Disadvantages
• Shows a company's capital lock-up	• Cross-industry comparisons are not meaningful
• Additional investment requirements can be calculated in particular for capacity expansions	• Capacity expansions (changes) can dilute the indicator's meaningfulness
• Allows conclusions to be drawn on the efficiency of the production process when compared within the industry	

5.14 Umschlaghäufigkeit der Vorräte

Formel

$$\frac{\text{Umsatz}}{\text{Durchschnittsbestand der Vorräte}}$$

Rechenbeispiel

$$\frac{14.019}{2.023,5} = \mathbf{6{,}93}$$

Erläuterung

Die Kennzahl zeigt, wie häufig im Laufe einer Periode die Vorräte umgeschlagen werden. Steigt die Umschlaghäufigkeit über eine Zeitreihe ist dies grundsätzlich positiv zu bewerten, da weniger Kapital in Form von Warenbeständen gebunden ist. Ziel des Unternehmens muss es sein, die Vorratshaltung möglichst niedrig zu halten ohne dass es zu Lieferverzögerungen kommt. Dies liegt in erster Linie daran, dass das gebundene Kapitel keine Rendite abwirft, sondern im Gegenteil durch Schwund oder höhere Lagerhaltungskosten negativen Einfluss auf die Rendite hat. Diese Kennzahl sollte immer im Verhältnis der Branche und deren Entwicklung gesehen werden, denn so ist bei Handelsunternehmen durchaus üblich, dass diese die Produkte Ihrer Zulieferer nur auf Kommission nehmen. Das bedeutet für den Lieferanten, dass obwohl die Ware ausgeliefert wurde, diese immer noch als Vorräte bilanziert werden, solange der Handel diese nicht verkauft hat.

Vorteile	Nachteile
• Kapazitätsnotwendigkeit kann abgeschätzt werden • Aussage bezüglich Finanzierungsbedarf • Erkennbares Optimierungspotential	• Stichtagsbetrachtung • Stark branchenabhängig • Veränderungen sind oft nicht eindeutig erklärbar, da sie durch Einmaleffekte (Stichtagsbetrachtung) oder Kommissionsware (Handelsmacht) beeinflusst sein können

5.14 Sales to inventory

Formula

$$\frac{\text{Sales}}{\text{Average total inventories}}$$

Sample calculation

$$\frac{14{,}019}{2{,}023.5} = \mathbf{6.93}$$

Explanation

This ratio shows the relationship between a company's revenues and its inventories. If this ratio rises over time, this should generally be regarded as being positive, as less capital is locked-up in the form of inventories. The company's goal must be to keep its inventories as low as possible without delaying deliveries. This is primarily due to the fact that the locked-up capital does not bring any return, but rather has a negative impact on returns as a result of losses or higher warehousing costs. The ratio should be compared to the industry average, i.e. retailers oftentimes only sell the supplier's products on consignment. This has the effect for the supplier, that although the products have been distributed they are still booked as inventories as long as the retailer has not sold them to the customer.

Advantages	Disadvantages
• Allows capacity requirements to be estimated • Information on financing requirements • Recognizable optimization potential	• Observed on two specific dates • Highly industry-dependent • Changes in the ratio can not be clearly identified due to one-time effects (specific date) or goods on consignment (retail power)

5.15 Sachanlagen zu Umsatz

Formel

$$\frac{\text{Sachanlagevermögen}}{\text{Umsatz}} \times 100\,\%$$

Rechenbeispiel

$$\frac{2.736}{14.019} \times 100\,\% = \mathbf{19{,}52\,\%}$$

Erläuterung

Diese Kennzahl setzt den Wert der eingesetzten Anlagen (zu Buchwerten) ins Verhältnis zu den damit erzielten Umsatzerlösen und zeigt somit auf, wie anlagenintensiv der Produktionsprozess eines Unternehmens ist. Jedoch ist diese Kennzahl im Zusammenhang mit der »Investitionsdeckung« (siehe S. 168) sowie den Nettoinvestitionen zu sehen (wichtige Kennzahl insbesondere bei anlageintensiven Unternehmen). Auch die Kenntnisse bezüglich der Nutzungsdauer der verwendeten Anlagen, bzw. der Zeitraum bis zur Ersatzinvestition, gibt dem Bilanzleser Hinweise für den Vergleich mit Vorjahreszahlen und Konkurrenzunternehmen.

Vorteile	Nachteile
• Dient der Ermittlung der Produktionseffizienz im Zeitablauf • Hilfreich bei produzierenden Unternehmen • Schafft bei gegebener Umsatzplanung Klarheit über notwendige Erweiterungsinvestitionen	• Nur in Verbindung mit den kumulierten Abschreibungen und der Investitionsdeckung aussagekräftig • Hoher Bestand an Gebäuden und Grundstücken verfälscht die Kennzahl • Keine Berücksichtigung von Leasing

5.15 Property, plant and equipment to sales

Formula

$$\frac{\text{Property, plant and equipment}}{\text{Sales}} \times 100\,\%$$

Sample calculation

$$\frac{2{,}736}{14{,}019} \times 100\,\% = \mathbf{19.52\,\%}$$

Explanation

This ratio compares the value of the deployed tangible assets (at actual book values) to the sales thereby generated and shows the production process's asset intensity of a company.
Usually this ratio should be viewed in connection to the reinvestment rate (see page 169) and net investments (important figure for asset intense companies). Moreover, the external analyst receives a better insight when comparing the ratio to past figures or industry standards, if the useful life of assets (i.e. the period until replacement) is considered.

Advantages	Disadvantages
• Serves to determine production efficiency over time • Helpful for manufacturing companies • Provides clarity of necessary expansion investments if future sales figures are given	• Only meaningful in connection with accumulated depreciation and reinvestment rate • A large portfolio of land and buildings may skew the resulting ratio • No consideration of leasing

5.16 Umschlaghäufigkeit des Sachanlagevermögens

Formel

$$\frac{\text{Abschreibungen auf Anlagevermögen}}{\text{Durchschnittsbestand des Anlagevermögens zu Anschaffungs- und Herstellungskosten}}$$

Rechenbeispiel

$$\frac{402}{\frac{(2.736 + 2.650) + (2.751 + 2.248)}{2}} = \frac{402}{5.192,5} = \mathbf{0,08}$$

Erläuterung

Diese Kennzahl, deren Werte der Bilanzleser aus dem Anlagenspiegel entnehmen kann, stellt den Anteil des Anlagevermögens dar, der in dieser Periode wieder »verdient« wurde. Diese Zahl sagt aus, dass das Anlagevermögen zu historischen Anschaffungskosten mit einer Umschlaghäufigkeit von 0,08 Mal umgeschlagen wurde. Eine Zunahme des Faktors bedeutet, dass sich die Einsatzdauer des Anlagevermögens reduziert, ist aber durch Abschreibungsmethoden nach Gruppen und Investitionsschwerpunkten leicht verzerrbar. In Jahren ausgedrückt würde es mit einer Umschlaghäufigkeit von 0,08 insgesamt 12,5 Jahre dauern, bis die Abschreibungen und Abgänge die Anschaffungskosten eingespielt hätten.

Vorteile	**Nachteile**
• Guter Branchenvergleich • Aussagekraft bezüglich technischer Innovationen • Hohe Transparenz bezüglich Investitionstätigkeit	• Abhängigkeit von Abschreibungsmethoden • Keine Aussage bezüglich Produktivität und Nutzungsdauer • Geringe Aussagekraft durch nicht transparente Investitionsschwerpunkte

5.16 Fixed asset turnover

Formula

$$\frac{\text{Depreciation on property, plant and equipment}}{\text{Averaged property, plant and equipment at historical costs}}$$

Sample calculation

$$\frac{402}{\frac{(2{,}736 + 2{,}650) + (2{,}751 + 2{,}248)}{2}} = \frac{402}{5{,}192{,}5} = \mathbf{0.08}$$

Explanation

This indicator shows the proportion of fixed assets which were "earned" again in this period. This figure shows us that fixed assets at historical cost were turned over at a rate of 0.08 times. An increase in the factor means that the period of use of the assets is shorter, however this figure is easily distorted as a result of write-down methods for various groups/investment focuses. Expressed in years, at an asset turnover of 0.08 it would take 12.5 years before the write-downs had covered the book value of fixed assets.

Advantages	Disadvantages
• Good industry comparison	• Depends on write-down methods
• Meaningful for technical innovations	• No information on productivity and useful lives
• High transparency regarding investment activities	• Low meaningfulness as a result of non-transparent investment focuses

5.17 Umschlaghäufigkeit des Umlaufvermögens

Formel

$$\frac{\text{Umsatz}}{\text{Durchschnittsbestand des Umlaufvermögens}}$$

Rechenbeispiel

$$\frac{14.019}{\frac{(6.888 + 6.552)}{2}} = \mathbf{2{,}09}$$

Erläuterung

Die Umschlaghäufigkeit des Umlaufvermögens gibt an, wie oft ein Posten des Umlaufvermögens in der betrachteten Periode umgeschlagen wurde. Dabei entspricht der Durchschnittsbestand des Umlaufvermögens dem arithmetischen Mittel aus Anfangs- und Endbestand des Umlaufvermögens.
Die Umschlaghäufigkeit zeigt die Bindungsdauer des Umlaufvermögens und lässt Rückschlüsse auf die Höhe des Kapitalbedarfs zu. Je höher diese Kennzahl ist, desto positiver ist sie zu beurteilen. Konsequenz einer zu niedrigen Umschlaghäufigkeit sollte die Reduzierung des Lagerbestands (z.B. durch »Just in Time«), des Kassenbestands (z.B. durch Reinvestition) oder der Abbau von Forderungen (z.B. Factoring) sein. Im Handel ist die Umschlaghäufigkeit die zentrale Kennzahl für die Steuerung der Warenwirtschaft.
Um die Umschlaghäufigkeit des Umlaufvermögens in Tagen auszudrücken: 365/2,09 = 174,64 Tage. Das bedeutet, dass es ca. sechs Monate dauert, bis das gesamte Umlaufvermögen einmal umgeschlagen wurde.

Vorteile	**Nachteile**
• Dient dem Vergleich innerhalb der Branche • Erlaubt Aussagen über die Effizienz des Umsatzprozesses, z.B. bei Handelsunternehmen • Bei Handelsunternehmen größere Aussagekraft als Gesamtvermögensumschlag	• Industrieübergreifend schwer vergleichbar • Je differenzierter Unternehmen agieren, desto geringer die Aussagekraft • Nur aussagekräftig für vergleichbare Produkte

5.17 Current asset turnover

Formula

$$\frac{\text{Sales}}{\text{Average current assets}}$$

Sample calculation

$$\frac{14{,}019}{\frac{(6{,}888 + 6{,}552)}{2}} = \mathbf{2.09}$$

Explanation

The current asset turnover shows how often a unit of current assets was turned over in the period under review. For this purpose, the average stock of current assets corresponds to the arithmetic average of the starting and closing stock of current assets.
The turnover shows the lock-up period for the current assets and allows conclusions to be drawn about the amount of capital required. The higher this indicator, the more positive. Too low a turnover has the consequence of reducing the warehouse stocks (e.g., via just in time), the cash in hand (e.g., via reinvestment) or the reduction of receivables (e.g., factoring). Among retailers, turnover is the key indicator for managing merchandise.
We can also express current asset turnover in terms of days: 365/2.09 = 174.64 days. That means, that it takes approx. six months to turn over the entire current assets.

Advantages	Disadvantages
• Used for comparisons within an industry	• Hard to compare across industries
• Provides information on the efficiency of the sales process (e.g., for retail companies)	• The more differentiated a company's activities, the lower the meaningfulness
• More important than the total asset turnover for retail companies	• Only meaningful for comparable products

5.18 Umschlaghäufigkeit des Gesamtvermögens

Formel

$$\frac{\text{Umsatz}}{\text{Gesamtvermögen}}$$

Rechenbeispiel

$$\frac{14.019}{10.134} = \mathbf{1{,}38}$$

Erläuterung

Die Umschlaghäufigkeit des Gesamtvermögens gibt an, wie oft alle Vermögensgegenstände (und damit auch das gesamte Kapital) im betrachteten Zeitraum umgeschlagen wurden, d. h. in welchem Ausmaß sich die vorgehaltenen Vermögensgegenstände tatsächlich im Umsatz niederschlagen.
Auch hier kann die Umschlaghäufigkeit in Tagen ausgedrückt werden: 365 / 1,38 = 264,5 Tage. Somit dauert es ca. neun Monate, um den Betrag des Gesamtvermögens einmal einzuspielen.

Vorteile	**Nachteile**
• Aussage über Dauer der Kapitalbindung	• Hohe Branchenabhängigkeit
• Aussage über Kapazitätsbedarf	• Keine Aussage bezüglich Rentabilität
• Gute Aussage über Umschlagsdauer	

5.18 Total asset turnover

Formula

$$\frac{\text{Sales}}{\text{Total assets}}$$

Sample calculation

$$\frac{14{,}019}{10{,}134} = \mathbf{1.38}$$

Explanation

The total asset turnover shows how often all assets (and thus also the total shareholders' equity and liabilities) were turned over during the period under review, i.e., the extent to which the assets held are actually turned over in terms of sales.
This turnover ratio can also be expressed in days: 365 / 1.38 = 264.5 days. This means that it takes approx. nine months to earn the amount of total assets.

Advantages	Disadvantages
• Information on duration of capital lock-up	• Highly industry dependent
• Information on capacity requirements	• No information on profitability
• Good information on turnover period	

5.19 Debitorenumschlag

Formel

$$\frac{\text{Umsatz}}{\text{Durchschnittlicher Forderungsbestand}}$$

Rechenbeispiel

$$\frac{14.019}{\frac{(2.064 + 2.025)}{2}} = \mathbf{6{,}86}$$

Erläuterung

Der Debitorenumschlag gibt an, um welchen Faktor der Umsatz den durchschnittlichen Forderungsbestand des Unternehmens übersteigt. Je niedriger diese Kennzahl ist, desto gefährdeter ist das Unternehmen, bei Zahlungsunfähigkeit des/der Kunden ebenfalls in Liquiditätsschwierigkeiten zu geraten. Zu betrachten ist bei der Analyse dieser Kennzahl ebenfalls, auf wie viele Debitoren sich der Forderungsbestand durchschnittlich verteilt.
Sind es nur sehr wenige, steigt die Abhängigkeit von der Solvenz und Zahlungsbereitschaft des Debitors. Je größer der Debitorenumschlag, umso schneller werden die Forderungen des betrachteten Unternehmens beglichen. Ein zu hoher Debitorenumschlag kann i.d.R. durch ein aktives Forderungsmanagement minimiert werden. Somit spiegelt diese Kennzahl auch die Fähigkeit der Unternehmung wider, ausstehende Forderungen einzusammeln. Der Kehrwert des Debitorenumschlags entspricht der Kennzahl Days Sales Outstanding (DSO), vgl. dazu S. 132.

Vorteile	Nachteile
• Aussage bezüglich Liquiditätsgrad	• Mögliche Verzerrung durch wenige, sehr alte Forderungen
• Aussage bezüglich Debitorenbonität	• Keine Aussage bezüglich Anzahl der Kunden (Risikoverteilung)
• Aussage bezüglich Finanzierungsnotwendigkeit	• Keine Aussage bezüglich durchschnittlicher Größe der Außenstände
• Aussage über Forderungsmanagement der Unternehmung	• Industrieübergreifend schwierig vergleichbar

5.19 Receivables turnover

Formula

$$\frac{\text{Sales}}{\text{Average total receivables}}$$

Sample calculation

$$\frac{14{,}019}{\frac{(2{,}064 + 2{,}025)}{2}} = \mathbf{6.86}$$

Explanation

Receivables turnover shows the factor by which sales exceed the company's average total receivables. The lower this indicator, the greater the danger for the company that, if a customer becomes unable to make payment, the company itself will run into liquidity problems. When analyzing this indicator, we must also consider the number of debtors over which the receivables are distributed on average.
If there are only a few debtors, then the dependency on the debtors' solvency and payment readiness increases. The greater the receivables turnover, the faster the respective company's receivables are paid. If the receivables turnover is too low, this can generally be optimized by active credit control. As a result, this indicator also reflects the company's ability to collect outstanding receivables. The counterpart of receivables turnover is days sales outstanding (DSO), see page 133.

Advantages	Disadvantages
• Information on liquidity • Information on debtors' credit-worthiness • Information on need for financing • Information on company's credit control	• Possible distortion from a few, very old receivables • No information on number of customers (risk distribution) • No information on average size of outstanding payments • Cross-industry comparisons are difficult

5.20 Days Sales Outstanding (DSO)

Formel

$$\frac{\text{Durchschnittlicher Forderungsbestand}}{\text{Umsatzerlöse}} \times 365$$

Rechenbeispiel

$$\frac{\frac{(2.064 + 2.025)}{2}}{14.019} \times 365 = \mathbf{53{,}23}$$

Erläuterung

Die Kennzahl (auch Debitorenlaufzeit oder Debitorenziel genannt) gibt an, nach wie vielen Tagen eine Forderung im Durchschnitt beglichen wird (Kundenziel). Je länger diese Zeitspanne andauert, umso schlechter für das Unternehmen, da dem Debitor in diesem Zeitraum ein (i. d. R.) zinsloser Kredit gewährt wird. Je kürzer die Debitorenlaufzeit, desto niedriger ist die Zinsbelastung für den Kreditor und umso geringer ist das Risiko des Forderungsausfalls. Maßnahmen zur Verringerung der Days Sales Outstanding können z. B. eine Erhöhung bzw. Gewährung des Skonto, ein verbessertes Mahnwesen/Forderungsmanagement, die Umstellung auf Lastschrifteinzug oder Factoring sein. Die Ursache für die Erhöhung der DSO kann auch darin begründet sein, dass kurz vor Jahresfrist große Umsätze gebucht werden, die erst im folgenden Geschäftsjahr zur Zahlung fällig sind oder Kunden Zahlungen in die Folgeperiode verzögern.

Vorteile	Nachteile
• Sinnvoller Bestandteil für die Schätzung des zukünftigen Nettoumlaufvermögens • Aussage bezüglich Kapitalbindung/Finanzierungsintensität • Erkennung von Risiken des Forderungsausfalls • Dient im Zeitvergleich als Indikator zur Beurteilung des Forderungsmanagements	• Hohe Abhängigkeit von Kundengruppen (Großhandel – Einzelhandel) • Keine Aussage über Anzahl der Kunden (Risikoverteilung) • Industrieübergreifend schwierig vergleichbar

5.20 Days sales outstanding (DSO)

Formula

$$\frac{\text{Average trade receivables}}{\text{Sales}} \times 365$$

Sample calculation

$$\frac{\frac{(2{,}064 + 2{,}025)}{2}}{14{,}019} \times 365 = \mathbf{53.23}$$

Explanation

DSO shows the average number of days it takes for a receivable to be paid (customer target). The ratio is also known as average collection period. The longer this period, the worse for a company, as the debtor is granted a (generally) interest-free loan for this period. The shorter this period, the lower the interest to be borne by the creditor and the smaller the risk of default. Measures to decrease the days sales outstanding include, for example, increasing or granting discounts, improved credit control, converting to direct debits or factoring. An increase in DSO can also be due to large sales being booked just before the end of the year that are only due in the following fiscal year, or customers delaying payment to the upcoming fiscal year.

Advantages	**Disadvantages**
• Meaningful element when estimating future net current assets	• Highly dependent on customer groups (wholesale – retail)
• Information on capital lock-up/financing intensity	• No information on number of customers (risk distribution)
• Recognition on risk of receivable default	• Difficult to compare across industries
• Over time can be used as an indicator for credit control	

5.21 Kreditorenlaufzeit

Formel

$$\frac{\text{Durchschnittlicher Bestand der Verbindlichkeiten aus L\&L}}{\text{Umsatzkosten}} \times 365$$

Rechenbeispiel

$$\frac{\frac{(909 + 879)}{2}}{5.004} \times 365 = \mathbf{65{,}21}$$

Erläuterung

Die Kreditorenlaufzeit berechnet die durchschnittliche Zeit in Tagen, in der ein Lieferantenkredit in Anspruch genommen wird (hier: ca. zwei Monate). Im angelsächsischen Raum werden für die Berechnung der Kennzahl anstelle der Umsätze die Kosten für die erbrachten Leistungen (Umsätze) angesetzt. Eine lange Umschlagsdauer verbessert zunächst die Liquiditätssituation im Unternehmen. Grundsätzlich ist der Lieferantenkredit ein zinsloses Darlehen, das das operative Geschäft finanziert. Aufgrund eines möglichen Skontoverlustes kann jedoch die Finanzierung über Lieferantenkredite teuer sein, sofern kein professionelles Zahlungsmanagement besteht. Aus diesem Grund kann eine lange Umschlagsdauer auch ein Indiz für Liquiditätsprobleme sein.

Vorteile	Nachteile
• Zeigt an, welcher Teil der Umsätze von Lieferanten finanziert wird	• Keine Aussage über Fälligkeiten und Zahlungsmoral der Unternehmung
• Hinweis auf Bonität des Unternehmens	• Altersstruktur der Verbindlichkeiten ist nicht dargestellt
• Aussage bezüglich Zahlungsfähigkeit bzw. Zahlungsgewohnheiten des Unternehmens	• Forderungen werden nicht berücksichtigt

5.21 Days payables outstanding

Formula

$$\frac{\text{Average trade liabilities}}{\text{Cost of sales}} \times 365$$

Sample calculation

$$\frac{\frac{(909 + 879)}{2}}{5{,}004} \times 365 = \mathbf{65.21}$$

Explanation

The ratio days payables outstanding shows the average number of days needed for trade liabilities to be paid by the company (here approx. two months). Alternatively sales are used instead of cost of sales for calculating this ratio. A long turnover period at first improves the company's liquidity. Basically trade liabilities are a non-interest bearing credit by the supplier, which helps to finance the operating business. On the other hand, if a company does not have professional cash management, financing by means of trade payables can become very expensive when the company does not take advantage of discounts. For this reason, a long turnover period may also be an indicator for liquidity problems.

Advantages	Disadvantages
• Indicator for payment targets	• No information on maturities or payment morality
• Indicator of a company's credit worthiness	• Age structure of liabilities is not illustrated
• Information on a company's solvency and paying habits	• Receivables are not considered

5.22 Umsatzkosten zu Vorräten

Formel

$$\frac{\text{Umsatzkosten}}{\text{Durchschnittsbestand der Vorräte}}$$

Rechenbeispiel

$$\frac{5.004}{\frac{(2.016 + 2.031)}{2}} = \mathbf{2{,}47}$$

Erläuterung

Die Kennzahl gibt Aufschluss über die Schnelligkeit des Verkaufs der Vorräte und dient dem Betrachter zur Ermittlung der Leistung der Unternehmung. Im Zeitverlauf betrachtet liefert diese Kennzahl Informationen über die Bestrebungen und Erfolge der Geschäftsführung, die Umschlaghäufigkeit zu erhöhen. In Tagen ausgedrückt: 365/2,47 = 147,8 Tage. Das bedeutet, dass das Unternehmen ca. fünf Monate benötigt, um die eingekauften Vorräte zu verkaufen. Die Kennzahl ähnelt der Umschlaghäufigkeit der Vorräte, mit dem Unterschied, dass im Zähler die Umsatzkosten anstelle des Umsatzes verwendet werden. Um den kompletten operativen Prozess in Tagen darzustellen, also die Anzahl der benötigten Tage vom Einkauf der Vorräte bis zum Tag an dem die Forderungen eingesammelt werden, benötigt man folgende Informationen: Umschlaghäufigkeit der Vorräte in Tagen + Umschlaghäufigkeit der Forderungen in Tagen (DSO) = 147,8 + 53,2 = 201 Tage. Das bedeutet, die Unternehmung benötigt für ihren operativen Zyklus etwas mehr als ein halbes Jahr.

Vorteile	Nachteile
• Hilfreich für Analyse des operativen Geschäftes der Unternehmung • Beurteilung des Umsatzprozesses und des Lagerhaltungsprozesses • Performance der Vorratshaltung gibt Aufschluss über Kapitalbindung und -kosten	• Bei diversifizierten Unternehmen Betrachtung einzelner Produktgruppen nötig • Sehr branchenabhängig

5.22 Inventory turnover

Formula

$$\frac{\text{Cost of sales}}{\text{Average total inventories}}$$

Sample calculation

$$\frac{5{,}004}{\frac{(2{,}016 + 2{,}031)}{2}} = \mathbf{2.47}$$

Explanation

Inventory turnover provides information on the speed at which inventories are sold and provides observers with an indicator which can be used to calculate the company's performance. Taken over time this indicator offers information on the management's efforts and success in increasing inventory turnover. Expressed in days, 365/2.47 = 147.8 days, it means that the company needs approx. five months to sell the inventories it has bought in.
In order to express the complete operating process in days, i.e., the number of days needed between buying in the inventories until the date on which the receivables are collected, we need the following information: Inventory turnover in days + days sales outstanding (DSO) = 147.8 + 53.2 = 201 days. This means that the company needs more than half a year for its operating cycle.

Advantages	Disadvantages
• Helpful for analyzing the company's operating activities • Assessment of the sales process and the warehousing process • Warehousing performance provides information on capital lock-up and costs of capital	• Individual product groups must be observed for diversified companies • Highly industry-dependent

5.23 Kreditorenumschlaghäufigkeit

Formel

$$\frac{\text{Umsatzkosten x (1 + MwSt.)}}{\text{Verbindlichkeiten aus Lieferungen und Leistungen}}$$

Rechenbeispiel

$$\frac{5.004 \times 1{,}19}{\frac{(909 + 879)}{2}} = \mathbf{6{,}66}$$

Erläuterung

Die Kreditorenumschlaghäufigkeit trifft eine Aussage über die Zahlungsgewohnheit des Unternehmens in der betrachteten Periode. Aus Investorensicht kann eine Verminderung dieser Kennzahl über eine betrachtete Zeitreihe bedeuten, dass die Zahlungsfähigkeit des Unternehmens nachlässt und daher tendenziell Verbindlichkeiten immer später beglichen werden. Eine Verringerung kann jedoch auch eine positive Entwicklung darstellen, indem das Unternehmen Zahlungsziele stärker ausnutzt und damit die eigene Liquidität rentabler einsetzt.

Vorteile	Nachteile
• Aussage bezüglich Liquiditätssituation • Aussage bezüglich Bonität • Aussage bezüglich Zahlungsfähigkeit bzw. Zahlungsgewohnheiten des Unternehmens	• Spätes Kundenziel kann auf Marktmacht oder Bonitätsschwierigkeiten hinweisen • Starke Branchenabhängigkeit • Spätes Zahlungsziel kann zu teurer Finanzierung werden (Skontoverlust)

5.23 Payables turnover

Formula

$$\frac{\text{Cost of sales} \times (1 + \text{VAT})}{\text{Average trade liabilities}}$$

Sample calculation

$$\frac{5{,}004 \times 1.19}{\frac{(909 + 879)}{2}} = \mathbf{6.66}$$

Explanation

The ratio payables turnover shows the company's payment practices in the period under review. From an investor's perspective, a reduction in this indicator over a specific period can mean that the company's ability to make payment is deteriorating and that it is tending to pay liabilities at an increasingly later date. However, a reduction can also represent a positive development if the company is making increasing use of payment targets and thus making more profitable use of its own liquidity.

Advantages	**Disadvantages**
• Information on liquidity situation	• Late customer target can either point towards market strength or creditworthiness problems
• Information on creditworthiness	• Highly industry-dependent
• Information on the company's payment ability or payment practices	• Late payment target can lead to expensive financing (loss of discounts)

5.24 Gesamtkapitalumschlag

Formel

$$\frac{\text{Umsatz}}{\text{Eigenkapital + Fremdkapital}}$$

Rechenbeispiel

$$\frac{14.019}{5.493 + 2.577 + 1.665} = \mathbf{1{,}44}$$

Erläuterung

Der Gesamtkapitalumschlag berechnet sich aus dem Umsatz im Verhältnis zum bilanziellen Eigen- und Fremdkapital. Je höher der Kapitalumschlag ist, desto niedriger kann die vorher beschriebene Umsatzrendite sein. Dadurch dass ein Unternehmen die Vermögensgegenstände schnell umschlägt, werden Margen erzielt. Ein Unternehmen mit gleicher Umsatzrendite, aber niedrigerem Kapitalumschlag würde aufgrund der höheren Fixkosten und Kapitalbindungskosten einen niedrigeren Gewinn ausweisen.
Dabei gilt auch: je rascher der Kapitalumschlag, desto niedriger ist der erforderliche Kapitaleinsatz (aufgrund der kürzeren Vorfinanzierungsdauer).

Vorteile	**Nachteile**
• Kann zur Erweiterung der traditionellen Du Pont Formel (Kennzahlenbaum zur Errechnung des ROI) genutzt werden • Indikator für die Effektivität des Kapitaleinsatzes	• Die Bilanzsumme ist nur eine unzureichende Kennzahl für die Ermittlung des tatsächlich eingesetzten Kapitals, welches der Umsatzerzielung dient, da z.B. Leasingaufwendungen nicht berücksichtigt werden

5.24 Capital turnover

Formula

$$\frac{\text{Sales}}{\text{Total equity} + \text{Total liabilities}}$$

Sample calculation

$$\frac{14{,}019}{5{,}493 + 2{,}577 + 1{,}665} = \mathbf{1.44}$$

Explanation

The capital turnover shows total revenue compared to total liabilities and shareholders' equity. The fact that a company turns over its assets quickly generates margins. A company with an equal return on revenues but a lower ratio of sales to total liabilities and shareholders' equity would generate lower profits due to the higher fixed costs and capital lock-up costs. It is also true that the higher this ratio, the lower the amount of capital required (due to the shorter pre-financing period).

Advantages	**Disadvantages**
• May be used to expand the traditional Du Pont formula (indicator tree to calculate ROI) • Indicates the effectiveness of capital use	• Total capital is not a sufficient indicator to calculate the actual capital employed which serves to generate sales, as, for example, leasing expenses are not taken into account

Kapitel / Chapter 6

Liquiditätskennzahlen / Liquidity ratios

6.1 Eigenkapitalquote

Formel

$$\frac{\text{Eigenkapital}}{\text{Gesamtkapital}} \times 100\,\%$$

Rechenbeispiel

$$\frac{5.493}{10.134} \times 100\,\% = \mathbf{54{,}20\,\%}$$

Erläuterung

Die Eigenkapitalquote beschreibt die Beziehung zwischen Eigen- und Gesamtkapital. Je mehr Eigenkapital ein Unternehmen zur Verfügung hat, desto besser ist in der Regel die Bonität eines Unternehmens, desto höher ist die finanzielle Stabilität und desto unabhängiger ist das Unternehmen von Fremdkapitalgebern. Da Eigenkapital jedoch teurer ist als Fremdkapital (vgl. auch WACC, S. 228) belastet eine hohe Eigenkapitalquote die Rendite auf das eingesetzte Kapital. Für die Berechnung des Gesamtkapitals kann entweder die Bilanzsumme oder aber, wie von Finanzanalysten insbesondere für die Berechnung der Kapitalkosten üblich, nur die Summe aus Eigenkapital und zinstragendem Fremdkapital genommen werden.

Vorteile	**Nachteile**
• Stellt Art und Zusammensetzung des Kapitals dar	• Stark branchen- und bewertungsabhängig
• Einfach zu ermitteln	• Stille Reserven schmälern den tatsächlichen Wert des Eigenkapitals
• Dient zur Ermittlung der Verschuldung (Fremdkapitalquote) und lässt Rückschlüsse über die Stabilität eines Unternehmens zu	• Bilanzielle Werte stehen heute zunehmend den häufig genutzten Marktwerten gegenüber (z.B. Nutzung der Marktkapitalisierung anstelle des bilanziellen Eigenkapitals für Errechnung der Kapitalkosten)
• Im Industrievergleich hilfreich als Indikator für die relative, finanzielle Stärke eines Unternehmens	

6.1 Equity ratio

Formula

$$\frac{\text{Total equity}}{\text{Total capital}} \times 100\,\%$$

Sample calculation

$$\frac{5{,}493}{10{,}134} \times 100\,\% = \mathbf{54.20\,\%}$$

Explanation

The equity ratio describes the relationship between equity and total capital or total shareholders' equity and liabilities. As a rule, the more equity a company has available the better its credit-worthiness, the higher its financial stability and the more independent the company is from lenders. However, as equity is more expensive than debt (see also WACC, page 229), a high equity ratio depresses the return on capital employed. When calculating the equity ratio, we can either use total capital or, as generally practiced by financial analysts in particular when calculating the costs of capital, only use the sum of total equity and interest-bearing debt.

Advantages	Disadvantages
• Shows the type and composition of capital	• Depends heavily on industry and valuations
• Easy to calculate	• Hidden assets reduce the actual value of equity
• Serves to calculate the debt level (leverage) and allows assumptions to be made about a company's stability	• Balance sheet figures are now often being replaced by frequently used market values (e.g., use of market capitalization instead of balance sheet equity to calculate costs of capital)
• Helpful in same-industry comparisons as an indicator for a company's relative financial strength	

6.2 Fremdkapitalquote

Formel

$$\frac{\text{Fremdkapital}}{\text{Gesamtkapital}} \times 100\%$$

Rechenbeispiel

$$\frac{2.577 + 1.655}{10.134} \times 100\% = \mathbf{41{,}86\%}$$

Erläuterung

Die Fremdkapitalquote beschreibt den Anteil des Fremdkapitals am Gesamtkapital. Finanzanalysten zählen im Rahmen der Unternehmensbewertung häufig nur die zinstragenden Verbindlichkeiten sowie den kapitalisierten Wert der zukünftigen Leasingaufwendungen zum Fremdkapital hinzu, da diese ebenfalls zinstragenden Charakter besitzen.
Die Fremdkapitalquote lässt Rückschlüsse auf die finanzielle Stabilität eines Unternehmens zu. Die Entwicklung der Kennzahl sollte immer in Verbindung zum Vermögensbestand betrachtet werden. Sofern hier stille Lasten aufgrund gesunkener Marktwerte vorhanden sind, hat dies einen negativen Effekt auf die Fremdkapitalquote. Dies hat in den vergangenen Jahren z.B. zum Stichwort Bilanzrezession beigetragen.

Vorteile	**Nachteile**
• Die Höhe der Fremdkapitalquote kann in Abhängigkeit des Unternehmens- bzw. Produktlebenszyklus gesehen werden (je älter ein Unternehmen, desto höher in der Regel die Fremdkapitalquote aufgrund steigender Bonität) • Die Substanz der Aktiva kann der Fremdkapitalquote vergleichend gegenübergestellt werden (z.B. Risiko, falls Goodwill zu großen Teilen durch Fremdkapital gedeckt ist)	• Stark branchen- und bewertungsabhängig • Früher stattgefundene Adjustierungen (z.B. getätigte Goodwillabschreibungen, die das Eigenkapital schmälern) können zu Verzerrungen führen • Bilanzexterne Finanzierungsformen (z.B. Leasing) bleiben in der Regel unberücksichtigt

6.2 Total liabilities to total capital (leverage)

Formula

$$\frac{\text{Total liabilities}}{\text{Total capital}} \times 100\,\%$$

Sample calculation

$$\frac{2{,}577 + 1{,}655}{10{,}134} \times 100\,\% = \mathbf{41.86\,\%}$$

Explanation

The leverage describes the ratio of total liabilities to total capital. In the course of company valuations, financial analysts often only use total liabilities as the sum of interest-bearing liabilities plus the capitalized value of future leasing commitments, as these are also interest-bearing.
The ratio of liabilities to total capital allows assumptions to be made about a company's financial stability. The growth of this indicator should always be considered together with the company's assets. If these include hidden liabilities as a result of lower market values, this has a negative impact on the leverage ratio. Over the past few years, this has contributed, for example, to balance sheet recession.

Advantages	**Disadvantages**
• The amount of the ratio of liabilities to total capital can be viewed as a factor dependent on the company or product life-cycle (as a rule, the older a company, the higher the possible leverage due to increasing creditworthiness) • The quality of the assets can be compared to the leverage (e.g., risk if goodwill is mostly covered by liabilities)	• Depends heavily on industry and valuations • Earlier adjustments (e.g., impairment of goodwill that reduces equity) could lead to distortions • Forms of off-balance sheet financing (e.g., leasing) are generally not taken into account

6.3 Verschuldungskoeffizient

Formel

$$\frac{\text{Fremdkapital}}{\text{Eigenkapital}} \times 100\,\%$$

Rechenbeispiel

$$\frac{2.577 + 1.665}{5.493} \times 100\,\% = \mathbf{77{,}23\,\%}$$

Erläuterung

Die Kennzahl, im Englischen als »Gearing Ratio« bekannt, gibt an, in welchem Verhältnis das Unternehmen von außenstehenden Dritten zum Anteil der Unternehmenseigentümer finanziert wurde. Grundsätzlich gilt, je höher der Verschuldungskoeffizient ist, desto abhängiger ist das Unternehmen von externen Kreditoren. Wird bei der Beurteilung des Verschuldungskoeffizienten der Leverage-Effekt berücksichtigt, so zeigt sich, dass unter bestimmten Voraussetzungen aus Rentabilitätsgründen ein höherer Verschuldungskoeffizient positiv beurteilt werden könnte. Folglich sollte die Kennzahl Verschuldungskoeffizient nie isoliert, sondern immer in Verbindung mit der Ertragslage der Unternehmung beurteilt werden.

Vorteile	Nachteile
• Ein Zusammenhang zwischen Verschuldungsgrad und Eigenkapitalrentabilität läßt sich formal darstellen (je niedriger der Verschuldungskoeffizient, desto eher kann zusätzliches Fremdkapital zur Ausnutzung des Leverage Effekts aufgenommen werden) • Im Zusammenhang mit Fristigkeiten von Vermögensteilen lässt sich ein Risikoprofil ermitteln	• Industrieübergreifende Vergleiche schwer darstellbar • Bilanzpolitische Adjustierungen des Eigenkapitals können zu Verzerrungen führen • Bilanzexterne Finanzierungsformen (z.B. Leasing) bleiben in der Regel unberücksichtigt

6.3 Total liabilities to total equity (gearing)

Formula

$$\frac{\text{Total liabilities}}{\text{Total equity}} \times 100\,\%$$

Sample calculation

$$\frac{2{,}577 + 1{,}665}{5{,}493} \times 100\,\% = \mathbf{77.23\,\%}$$

Explanation

This ratio shows the relationship between the company's liabilities and equity financing. Some analysts also call it gearing ratio. As a general rule, the higher the gearing ratio, the more dependent a company is on external creditors. If the leverage effect is considered when assessing a company's gearing ratio, we can see that for profitability reasons a higher gearing ratio can be regarded as being positive under certain conditions as well as. As a result, the gearing ratio should never be considered alone, but always in connection with the company's earnings position.

Advantages	Disadvantages
• A connection between the gearing ratio and the return on equity can be shown in formal terms (the lower the gearing ratio, the more likely it is to be able to take up additional debt to utilize the leverage effect) • A risk profile can be calculated in connection with the maturities of various asset components	• Cross-industry comparisons are difficult to portray • Adjustments to equity resulting from accounting policy can lead to distortions • Forms of off-balance sheet activities (e.g., leasing) are generally not taken into account

6.4 Fremdkapitalstruktur

Formel

$$\frac{\text{Verbindlichkeiten aus L\&L + Kurzfristige Verbindlichkeiten}}{\text{Fremdkapital}} \times 100\,\%$$

Rechenbeispiel

$$\frac{909 + 468}{2.577 + 1.665} \times 100\,\% = \mathbf{32{,}46\,\%}$$

Erläuterung

Die Fremdkapitalstruktur setzt die kurzfristigen Verbindlichkeiten ins Verhältnis zum gesamten Fremdkapital. Damit gibt die Kennzahl den Teil des Fremdkapitals an, der tatsächlich kurzfristig in liquiden Mitteln an außenstehende Gläubiger abfließen wird. Für diese Kennzahl gilt, dass insolvenzgefährdete Unternehmen im Durchschnitt einen höheren Prozentsatz bei der Fremdkapitalstruktur aufweisen als solvente Unternehmen. Zur weiterführenden Analyse sollten zudem stets die Fristigkeiten und die Konditionen der Fremdkapitalbestandteile betrachtet werden. Zwar sind Verbindlichkeiten aus Lieferungen und Leistungen zinslos und damit i. d. R. zunächst positiv für die Unternehmensfinanzierung, jedoch sollte berücksichtigt werden, dass sie auch gleichzeitig die teuerste Form der Finanzierung ist, sofern Skonti nicht entsprechend ausgenutzt werden.

Vorteile	**Nachteile**
• Hinweis auf mögliche Zahlungsschwierigkeiten, falls Prozentsatz kurzfristiger Verbindlichkeiten sehr hoch ist • Gibt Indikation für Fristigkeiten • Hinweis auf die Notwendigkeit von liquiden Mitteln	• Lässt Kosten der einzelnen Kapitalbestandteile außer Acht • Lässt Fristigkeit der finanzierten Vermögensgegenstände außer Acht (siehe Goldene Finanzierungsregel) • Ist ohne Betrachtung der Liquiditätskennzahlen ohne Aussagekraft

6.4 Leverage structure

Formula

$$\frac{\text{Trade liabilities + Short-term liabilities}}{\text{Total liabilities}} \times 100\,\%$$

Sample calculation

$$\frac{909 + 468}{2{,}577 + 1{,}665} \times 100\,\% = \mathbf{32.46\,\%}$$

Explanation

The leverage structure compares short-term liabilities to total liabilities. This ratio therefore expresses what percentage of total liabilities will actually lead to a cash outflow to external creditors on a short-term basis. In general, companies in danger of insolvency show an increased percentage of leverage structure than solvent companies. For an ongoing analysis the maturity and conditions of all liability components should be taken into account. Although trade liabilities are usually non-interest bearing and thus initially positive for a company's financing, they can become the most expensive form of financing when a company does not take advantage of discounts.

Advantages	**Disadvantages**
• Indicator for possible financial difficulties when the percentage of short-term liabilities is very high	• Disregards costs of asset components
• Indicator for maturities	• Does not consider maturities of financed assets (also see "golden financing rule")
• Indicator for the necessity of liquid funds	• Is not meaningful without considering liquidity ratios

6.5 Dynamischer Verschuldungsgrad

Formel

$$\frac{\text{Nettoverschuldung}}{\text{Free Cash Flow}}$$

Rechenbeispiel

$$\frac{-1.770}{774} = \mathbf{-2{,}29}$$

Erläuterung

Der dynamische Verschuldungsgrad sagt aus, wie viele Jahre ein Unternehmen bräuchte, um seine (Netto-)Verbindlichkeiten durch den freien Cash Flow tilgen zu können. Daher wird die Kennzahl auch Schuldentilgungsdauer oder Kapitaldienstfähigkeit genannt.
Im produzierenden Gewerbe gilt ein Faktor bis zu vier als sehr gut, ab einem Faktor größer zehn, oder gar negativem Cash Flow über mehrere Perioden kann Insolvenzgefahr bestehen. Im obigen Beispiel ist der Verschuldungsgrad negativ, da das Unternehmen de facto schuldenfrei ist. Bei der Errechnung des dynamischen Verschuldungsgrades ist auf mögliche Einmaleffekte sowie auf nicht-bilanzielle Verbindlichkeiten, wie z. B. Leasingaufwendungen, Rücksicht zu nehmen, da diese ebenfalls den dynamischen Verschuldungsgrad beeinflussen.

Vorteile	**Nachteile**
• Durch die Berücksichtigung der nicht-bilanziellen Verbindlichkeiten und des operativen Cash Flows deutlich verbesserte Risikokennzahl • Erlaubt einen deutlich verbesserten Vergleich von Unternehmen • Findet in der Praxis der Unternehmenssteuerung häufig Verwendung	• Keine Aussage bezüglich fristenkongruenter Finanzierung • Die tatsächlichen Fremdkapitalkosten bleiben unberücksichtigt • Kann im Zeitablauf stark schwanken

6.5 Dynamic gearing

Formula

$$\frac{\text{Net debt}}{\text{Free cash Flow}}$$

Sample calculation

$$\frac{(1{,}770)}{774} = \mathbf{(2.29)}$$

Explanation

This ratio shows how many years a company would need to be able to repay its (net) liabilities from its free cash flow. The ratio is also known as net debt service or duration of debt redemption.

In the manufacturing industry, a factor of up to four is regarded as being excellent – a factor of greater than ten or even a negative cash flow over several periods may lead to the danger of insolvency. In the above example, net debt is negative, as the company is in fact free of debt. Nevertheless one time effects should be analyzed before evaluating this ratio. Moreover, off-balance sheet liabilities, such as leasing expenses, must be considered when calculating the dynamic gearing, as these also impact the ratio.

Advantages	Disadvantages
• Considering the off-balance sheet liabilities and the cash flow from operations gives a significantly improved indicator	• No information on matching periods for financing
• Significantly improves comparison of companies	• Actual borrowing costs are not considered
• Is often used as key indicator in corporate management	• May fluctuate heavily over time

6.6 Working Capital

Formel	Rechenbeispiel
Umlaufvermögen	6.888
– Liquide Mittel	– 2.526
– Kurzfristiges, nicht-zinstragendes Fremkapital	– 909
= **Working Capital**	= **3.453**

Erläuterung

Das Working Capital berechnet sich, indem vom bilanziellen Umlaufvermögen die liquiden Mittel und die nicht-zinstragenden Verbindlichkeiten abgezogen werden (primär Verbindlichkeiten aus Lieferungen und Leistungen). Die Kennzahl beschreibt den Anteil des Umlaufvermögens, der für das Unternehmen arbeitet (d.h. Umsätze generiert) ohne im engeren Sinne Kapitalkosten zu verursachen. Das Working Capital stellt gleichzeitig den langfristig finanzierten Teil des Umlaufvermögens dar. Je höher das Working Capital, desto besser die Liquiditätssituation eines Unternehmens. Aus Analystensicht kann je nach Branche auch ein negatives Working Capital positiv interpretiert werden, da Lieferanten ggf. die Umsätze eines Unternehmens vorfinanzieren.

Vorteile	Nachteile
• Gibt Aufschluss über die Investitionserfordernisse bei Kapazitätserweiterung	• Ein nicht optimaler Liquiditätsgrad kann zu Verzerrungen führen
• Deutet an, wie stark das Unternehmen die Möglichkeiten hat, Kosten an Produzenten und Lieferanten weiterzugeben	• Das Umlaufvermögen kann durch die Ausnutzung von Bilanzierungswahlrechten unterschiedlich hoch ausgewiesen werden

6.6 Working capital

Formula	Sample calculation
Current assets	6,888
– Cash and cash equivalents	(2,526)
– Current, non-interest bearing liablilities	(909)
= **Working capital**	= **3,453**

Explanation

Working capital is defined as current assets less cash and cash equivalents and less short-term, non-interest bearing liabilities (primarily trade payables). It expresses the proportion of current assets working for a company (i.e., that is generating sales), without generating capital costs in the closer sense of the word. It is thus the portion of current assets with long-term financing. The higher the working capital, the more secure the liquidity position. From an analysts' perspective, negative working capital may be viewed positively, as suppliers pre-finance the company's sales (especially retailers).

Advantages	Disadvantages
• Provides information on investment requirements when expanding capacity • Shows how strong the company's opportunities are to pass on costs to producers and suppliers	• Non-optimum liquidity can lead to distortions • The level of current assets disclosed can vary according to the use of various accounting options

6.7 Liquidität 2. Grades

Formel

$$\frac{\text{Umlaufvermögen} - \text{Vorräte}}{\text{Kurzfristige Verbindlichkeiten}} \times 100\,\%$$

Rechenbeispiel

$$\frac{6.888 - 2.016}{1.437 + 909 + 468} \times 100\,\% = \mathbf{173{,}13\,\%}$$

Erläuterung

Die Liquidität 2. Grades, im Englischen auch als Acid Test oder Quick Ratio bezeichnet, wird häufig zur Ermittlung der Kreditwürdigkeit herangezogen. Banken können hieraus etwa erkennen, wie schnell sich die kurzfristigen Verbindlichkeiten tilgen ließen, sofern die Vermögensgegenstände in liquide Mittel gewandelt würden. Die Liquidität 2. Grades berücksichtigt nicht die Vorräte eines Unternehmens. Dahinter verbirgt sich die Überlegung, dass Vorräte bereits bezahlt sind und diese einen Wert besitzen und daher nicht sofort wieder veräußert werden können. Als Faustregel gilt, dass die Liquidität 2. Grades 100 % übersteigt, wodurch die kurzfristigen Verbindlichkeiten durch liquide Mittel und Forderungen gedeckt sind.

Vorteile	Nachteile
• Risikokennzahl, falls Regeln nicht beachtet werden	• Zeitpunktsbetrachtung, d.h. statische Größe
• In der Praxis etabliert	• Zu eng mit der Bilanz verknüpft
• Dient zur Ermittlung der Kreditwürdigkeit	• Trade off zwischen Liquidität und Rentabilität
	• Keine Berücksichtigung, ob Forderungen tatsächlich eingetrieben werden können

6.7 Quick ratio

Formula

$$\frac{\text{Total current assets} - \text{Total inventory}}{\text{Total current liabilities}} \times 100\,\%$$

Sample calculation

$$\frac{6{,}888 - 2{,}016}{1{,}437 + 909 + 468} \times 100\,\% = \mathbf{173.13\,\%}$$

Explanation

Liquidity indicators such as the quick ratio (also known as acid test) are often used for evaluating a company's creditworthiness. Bankers use this ratio to determine how quickly a company is able to pay off its current liabilities in case assets need to be converted into cash. This ratio differs from the current ratio in that it excludes inventory. The logic behind this is that while inventory may have been paid for and has value, it may not necessarily be converted into cash quickly. As a rule of thumb, the quick ratio should exceed 100 %, thus current liabilities are covered by the company's cash position and its total receivables.

Advantages	**Disadvantages**
• Risk indicator if rule is not heeded • Established in practice • Serves to determine a company's creditworthiness	• Time-related, i.e., static figure • Too closely linked to balance sheet • Trade-off between liquidity and profitability • No consideration if total receivables can actually be collected

6.8 Liquidität 3. Grades

Formel

$$\frac{\text{Umlaufvermögen}}{\text{Kurzfristige Verbindlichkeiten}} \times 100\,\%$$

Rechenbeispiel

$$\frac{6.888}{1.437 + 909 + 468} \times 100\,\% = \mathbf{244{,}78\,\%}$$

Erläuterung

Liquiditätskennzahlen, wie etwa die Liquidität 3. Grades zeigen das Verhältnis von kurzfristigem Vermögen zu kurzfristigen Zahlungsverpflichtungen auf. Zu den kurzfristigen Vermögensgegenständen zählen in erster Linie liquide und liquiditätsnahe Mittel, Wertpapiere des Umlaufvermögens, Forderungen und Vorräte. Die einzelnen Kennzahlen (vgl. auch Liquidität 2. Grades) lassen erkennen, inwiefern die kurzfristigen Verbindlichkeiten durch fristenkongruente Mittel gedeckt sind. Als Faustregel gilt, dass die Liquidität 3. Grades 200 % betragen sollte, wobei ein Wert von unter 100 % als existenzbedrohend für das Unternehmen eingestuft wird.

Vorteile	**Nachteile**
• Risikokennzahl, falls Regeln nicht beachtet werden	• Zeitpunktsbetrachtung, d.h. statische Größe
• In der Praxis etabliert	• Zu eng mit der Bilanz verknüpft
• Faustformel für Planung von Warenlagern oder Forderungsmanagement	• Trade off zwischen Liquidität und Rentabilität

6.8 Current ratio

Formula

$$\frac{\text{Total current assets}}{\text{Total current liabilities}} \times 100\,\%$$

Sample calculation

$$\frac{6{,}888}{1{,}437 + 909 + 468} \times 100\,\% = \mathbf{244.78\,\%}$$

Explanation

Liquidity indicators, such as the current ratio show the relationship between liquid assets to payment commitments. Liquid or current assets include cash and cash equivalents, marketable securities, total receivables and total inventory. The various ratios (also see quick ratio on the previous page) show the extent to which the current liabilities are covered by current assets. As a rule of thumb, the current ratio should total 200 %, with a ratio of less than 100 % being regarded as threatening to the company's existence.

Advantages	**Disadvantages**
• Risk indicator if rule is not heeded	• Time-related, i.e., static figure
• Established in practice	• Too closely linked to balance sheet
• Rule of thumb for planning warehouses or credit control	• Trade-off between liquidity and profitability

6.9 Vermögensstruktur

Formel

$$\frac{\text{Anlagevermögen}}{\text{Umlaufvermögen}} \times 100\,\%$$

Rechenbeispiel

$$\frac{3.093}{6.888} \times 100\,\% = \mathbf{44{,}90\,\%}$$

Erläuterung

Die Vermögensstruktur beschreibt die Beziehung zwischen Anlage- und Umlaufvermögen. Die Kennzahl ist ein Indikator für die Stabilität bzw. Flexibilität eines Unternehmens, sollte aber immer unter Berücksichtigung der branchentypischen Vermögensstrukturen gedeutet werden.
Eine niedrige Vermögensstruktur kann auf zwei Sachverhalte hindeuten:

1. Durch geringes Anlagevermögen kann ein Unternehmen flexibler auf Marktveränderungen reagieren und Fixkosten sind aufgrund der kürzeren Kapitalbindungsdauer des Gesamtvermögens niedriger.
2. Ein Unternehmen produziert mit bereits abgeschriebenen Anlagen. Dies lässt auf eine veraltete Technologie schließen.

Vorteile	Nachteile
• Einfach zu errechnen, da Zahlen aus der Bilanz ersichtlich sind • Ermöglicht die Analyse im Zeitablauf, ob das Unternehmen flexibler wird • Erlaubt Rückschlüsse auf die Kapazitätsausnutzung und damit auf die Ertragslage: je mehr Umlaufvermögen pro Einheit Anlagevermögen, desto produktiver ist in der Regel ein Unternehmen	• Zwischenbetriebliche Vergleiche von geringer Aussagekraft (insbesondere Vergleich unterschiedlicher Industrien) • Außerbilanzielle Vermögensanteile (z.B. Leasing) finden keine Berücksichtigung • Bilanzierter Goodwill kann zu Verzerrungen führen • Nicht operativ genutzte Beteiligungsportfolios verringern die Aussagekraft • Kennzahl basiert auf Restbuchwerten

6.9 Asset structure

Formula

$$\frac{\text{Fixed assets}}{\text{Current assets}} \times 100\,\%$$

Sample calculation

$$\frac{3{,}093}{6{,}888} \times 100\,\% = \mathbf{44.90\,\%}$$

Explanation

The asset structure describes the relationship between fixed and current assets. This indicator shows a company's stability or flexibility, however typical asset structures in the respective industry should also be considered when reviewing this ratio.
A low asset structure can mean one of two things:

1. A low level of fixed assets allows a company to react more flexibly to changes on the market and fixed costs are lower due to the shorter capital lock-up period for all assets.
2. A company is working with assets that have already been written off. This allows us to assume that the technology used is out of date.

Advantages	Disadvantages
• Simple to calculate, as figures can be taken from balance sheet • Allows analysis over time as to whether the company is becoming more flexible • Allows assumptions to be made about capacity utilization and thus the earnings position: as a rule companies are more productive the more current assets there are per unit of fixed assets	• Inter-company comparisons are not particularly meaningful (in particular comparisons between various industries) • Off-balance sheet assets (e.g., leasing) are not considered • Disclosed goodwill can lead to distortions • Investment portfolios not used in operations reduce meaningfulness • Ratio is based on residual book values

6.10 Anlagenintensität

Formel

$$\frac{\text{Anlagevermögen}}{\text{Gesamtvermögen bzw. -kapital}} \times 100\,\%$$

Rechenbeispiel

$$\frac{3.093}{10.134} \times 100\,\% = \mathbf{30{,}52\,\%}$$

Erläuterung

Die Anlagenintensität beschreibt die Beziehung zwischen (Sach-) Anlage- und Gesamtvermögen. Je höher die Anlagenintensität, desto länger ist die zeitliche Bindung finanzieller Mittel und desto höher sind i.d.R. die damit verbundenen Fixkosten. Je kleiner diese Kennzahl, desto weniger Kapital ist langfristig gebunden. Die Kennzahl gibt Aufschluss über die Anpassungsfähigkeit des Unternehmens an veränderte Marktbedingungen. Bei Betrachtung der Anlagenintensität ist die Branchenzugehörigkeit eines Unternehmens zu berücksichtigen. Besonders in der Schwerindustrie (z.B. Schiff-, Maschinenbau, Zement, Stahl) und Energiebetreibern ist die Anlagenintensität tendenziell höher. Eine niedrige Anlagenintensität könnte bei diesen Unternehmen aufgrund bereits getätigter Abschreibungen ein Indikator für veraltete Produktionsverfahren sein.

Vorteile	Nachteile
• Vermittelt groben Einblick in die betriebliche Flexibilität und ermöglicht somit Rückschlüsse auf die finanz- und erfolgswirtschaftliche Stabilität: a)Dispositionselastizität: je kurzfristiger die Vermögensbindung, desto höher das Liquiditätspotential b)Erfolgselastizität: je kurzfristiger die Vermögensbindung, desto geringer der Fixkostenanteil	• Bilanzpolitische Einflüsse können nicht vermieden werden • Hoher Grad an immateriellem Anlagevermögen (z.B. Goodwill) schränkt Aussagekraft ein • Deutlich eingeschränkte Aussagekraft bei industrieübergreifenden Unternehmensvergleichen • Stille Reserven lassen Anlagenintensität niedriger ausfallen

6.10 Asset intensity

Formula

$$\frac{\text{Fixed assets}}{\text{Total assets}} \times 100\,\%$$

Sample calculation

$$\frac{3{,}093}{10{,}134} \times 100\,\% = \mathbf{30.52\,\%}$$

Explanation

Asset intensity describes the relationship between fixed assets and total assets. The higher the asset intensity, the longer financial funds are locked up and, as a rule, the higher the associated fixed costs. The smaller this indicator, the less capital is tied-up over the long term. The indicator provides information on the company's ability to adapt to changing market conditions. When considering the asset intensity, the company's respective industry must also be considered. Asset intensity tends to be higher in particular in heavy industry (e.g., shipbuilding, engineering, cement, steel) and among utility companies. In these industries, a lower level of asset intensity could indicate out-of-date production methods as a result of assets already written off.

Advantages	**Disadvantages**
• Gives a rough indication of the flexibility of the company's operations and thus allows assumptions to be made about the financial and earnings stability: a)Material planning elasticity: the shorter the asset lock-up period, the higher the liquidity potential b)Success elasticity: the shorter the asset lock-up, the lower the proportion of fixed costs	• Impact of accounting policy cannot be avoided • High degree of intangible assets (e.g. goodwill) reduces meaningfulness • Meaningfulness significantly restricted for cross-industry company comparisons • Hidden assets lower asset intensity

6.11 Umlaufintensität

Formel

$$\frac{\text{Umlaufvermögen}}{\text{Gesamtvermögen bzw. -kapital}} \times 100\,\%$$

Rechenbeispiel

$$\frac{6.888}{10.134} \times 100\,\% = \mathbf{67{,}97\,\%}$$

Erläuterung

Die Umlaufintensität beschreibt die Beziehung zwischen Umlauf- und Gesamtvermögen. Sie gibt den Prozentsatz des Gesamtkapitals an, der in kurzfristigen Vermögensgegenständen gebunden ist. Eine hohe Umlaufintensität ist i.d.R. positiv zu bewerten, da Umlaufvermögen zeitnah liquidiert werden kann. Jedoch kann eine extrem hohe Umlaufintensität auch auf eine überhöhte Lagerhaltung hinweisen, die sich erhöhend auf die Lagerhaltungskosten auswirken. Weiterführende Analysen bezüglich des Umlaufvermögens sollten die Bereiche Forderungsbestand und Vorratsvermögen intensiv mit einbeziehen, da Veränderungen der Umlaufintensität in der Regel nicht zufällig bedingt sind.

Vorteile	**Nachteile**
• Erlaubt Aussage über die Arbeitsintensität • Bietet Vergleichsmöglichkeiten von Unternehmen gleicher Größe, gleicher Branche sowie gleicher Leistungsfähigkeit • Ermöglicht bedingte Rückschlüsse auf das leistungswirtschaftliche Risiko, d.h. wie setzt sich das Vermögen zusammen, um hieraus Umsätze zu generieren	• Erst die Relation von Vermögensbestandteilen zum Umsatz lässt die Interpretation der Veränderung von Vermögensstrukturkennzahlen (z.B. Anlagen- oder Umlaufintensität) zu, da durch Vermögen alleine noch kein Wert für Aktionäre generiert wird • Grund für Veränderung ist nicht ersichtlich, einzelne Veränderungen können sich gegenseitig aufheben, daher Performance-Messung von Maßnahmen nicht möglich.

6.11 Total current assets to total assets

Formula

$$\frac{\text{Total current assets}}{\text{Total assets}} \times 100\,\%$$

Sample calculation

$$\frac{6{,}888}{10{,}134} \times 100\,\% = \mathbf{67.97\,\%}$$

Explanation

This indicator shows the ratio of total current assets to total assets. It shows the percentage of total capital which is locked-up in current assets. A high ratio is generally to be viewed positively, as current assets can be liquidated quickly. However, an extremely high ratio can indicate excessive stock levels, which push up warehousing costs. More detailed analysis of the current assets should cover the level of receivables and inventories in greater detail, as changes to the ratio of current to total assets are generally not due to chance.

Advantages	Disadvantages
• Provides information on the intensity of work	• Only the ratio of assets to revenues allows changes in asset structure indicators (e.g., asset intensity or ratio of current to total assets) to be interpreted, as assets alone do not generate any shareholder value
• Allows comparisons to be made between companies of the same size, same industry and same performance	• The reason for changes cannot be seen, individual changes can counteract each other, which means that it is not possible to measure performance
• Allows conditional assumptions to be made on the performance risk, i.e., how are the assets structured in order to use these to generate revenues	

6.12 Finanzkraft

Formel

$$\frac{\text{Cash Flow aus laufender Geschäftstätigkeit}}{\text{Zugänge im Anlagevermögen}} \times 100\,\%$$

Rechenbeispiel

$$\frac{1.248}{507} \times 100\,\% = \mathbf{246{,}15\,\%}$$

Erläuterung

Die Kennzahl der Finanzkraft oder auch Innenfinanzierungsquote genannt, berechnet sich, indem der Cash Flow aus laufender Geschäftstätigkeit (operativer Cash Flow) in Relation zu den Zugängen im Anlagevermögen, also neuen, langfristigen Investitionen gesetzt wird. Jedoch ist der Begriff Innenfinanzierungsquote irreführend, da letztlich jede Finanzierung (auch die Umsätze des operativen Geschäfts) von außerhalb der Unternehmung stammt. Die Kennzahl zeigt somit auf, ob eine vorgesehene Investition aus der eigenen Finanzkraft des Unternehmens finanziert werden könnte. Eine Kennzahl von über 100% besagt, dass das Unternehmen die Investition aus dem eigens generierten Cash Flow finanzieren und damit bankenunabhängig entscheiden kann.

Vorteile	Nachteile
• Zeigt möglichen, zusätzlich notwendigen Finanzbedarf bei Anlageinvestitionen • Es kann hierbei unterschieden werden in Erhaltungsinvestitionen und Erweiterungsinvestitionen	• Kann starken Schwankungen im Zeitablauf unterliegen • Im industrieübergreifenden Vergleich nur bedingt aussagefähig

6.12 Financial strength

Formula

$$\frac{\text{Cash flow from operating activities}}{\text{Payments for non-current assets}} \times 100\,\%$$

Sample calculation

$$\frac{1{,}248}{507} \times 100\,\% = \mathbf{246.15\,\%}$$

Explanation

The financial strength indicator, also known as the self-financing ratio is calculated by contrasting the cash flow from operating activities with the additions to fixed assets, i.e., new, long-term investments. However, the term self-financing ratio is confusing, as, at the end of the day, all financing stems from outside the company (including revenues from operating activities).
The indicator thus shows whether an intended investment could be financed from the company's own financial strength. An indicator in excess of 100 % shows that the company can finance the investment from its own cash flow, and can thus take decisions independently of the banks.

Advantages	Disadvantages
• Shows possible additional financing requirements for fixed investments • A differentiation can be made between maintenance and expansion investments	• May be subject to strong fluctuations over time • Limited meaningfulness for cross-industry comparisons

6.13 Investitionsdeckung

Formel

$$\frac{\text{Abschreibungen auf Sachanlagen}}{\text{Zugänge an Sachanlagen, netto}} \times 100\,\%$$

Rechenbeispiel

$$\frac{402}{474} \times 100\,\% = \mathbf{84{,}81\,\%}$$

Erläuterung

Die Investitionsdeckung (oder auch Investitionsneigung) gibt an, in welcher Höhe die Abschreibungsgegenwerte reinvestiert wurden. Liegt sie über 100 %, wurden die vorgenommenen Abschreibungen auf Sachanlagen nicht in vollem Umfang in diese reinvestiert. Ein Wert von unter 100 % gibt an, dass das Unternehmen Erweiterungsinvestitionen getätigt hat. Je niedriger dieser Wert ist, desto größer sind folglich die Neuinvestitionen der Unternehmung. Dennoch ist hier immer die Branche der Unternehmung und die Zusammensetzung der Sachanlagen zu berücksichtigen, da sowohl die Nutzungsdauer als auch eine Änderung der Abschreibungsmethode (z.B degressiv vs. linear) die Höhe der Abschreibungen beeinflussen und somit das Verhältnis verändern können.

Vorteile	**Nachteile**
• Erlaubt die Analyse von Erhaltungsinvestitionen • Ermöglicht den Industrievergleich • Investitionen dienen grundsätzlich als Information über zukünftige Profitabilität	• Sollte stets in Verbindung mit eventuellen Effizienzveränderungen betrachtet werden • Kann im Zeitablauf aufgrund Investitionszyklik stark schwanken • Für die Analyse im Zeitablauf ist die Beachtung der Inflation notwendig • Eine erhöhte Inanspruchnahme von Leasing erschwert die Analyse

6.13 Reinvestment rate (II)

Formula

$$\frac{\text{Depreciation of property, plant, equipment, total}}{\text{Additions to property, plant, equipment, net}} \times 100\,\%$$

Sample calculation

$$\frac{402}{474} \times 100\,\% = \mathbf{84.81\,\%}$$

Explanation

The reinvestment rate shows the amount of write-downs that were reinvested. If this figure is greater than 100 %, depreciation for tangible assets was not fully reinvested in these assets. A figure of less than 100 % shows that the company has invested in expansion. The lower the ratio, the higher the new investments of a company. Nonetheless, the industry and the composition of the tangible assets need to be considered, as both the time of useful life of fixed assets and a possible change in write-down methods (i.e., declining vs. linear) have an influence on the ratio.

Advantages	Disadvantages
• Allows maintenance investments to be analyzed • Allows industry comparisons • As a rule, investments provide information on future profitability	• Should always be considered in conjunction with any changes in efficiency • Can fluctuate heavily over time due to investment cycles • Inflation must also be considered for analysis over time • Increased use of leasing makes analysis more difficult

6.14 Abschreibungsquote (II)

Formel

$$\frac{\text{Abschreibungen auf Sachanlagen}}{\text{Buchwert der Sachanlagen am Jahresende}} \times 100\,\%$$

Rechenbeispiel

$$\frac{402}{2.736} \times 100\,\% = \mathbf{14{,}69\,\%}$$

Erläuterung

Die Abschreibungsquote gibt die durchschnittliche Nutzungsdauer (in %) der Vermögensgegenstände an (der Kehrwert stellt das Verhältnis in Jahren dar). Beim Vergleich mit anderen Unternehmen lässt die Abschreibungsquote erkennen, ob ein Unternehmen die branchenüblichen Abschreibungen vornimmt oder ggf. einen höheren oder niedrigeren Gewinnausweis anstrebt. Gleichzeitig deutet eine im Zeitablauf steigende Abschreibungsquote darauf hin, dass ein Unternehmen kurzfristig Ersatzinvestitionen tätigen muss. Generell führt eine hohe Abschreibungsquote zu geringerer Nutzungsdauer des Anlagevermögens und somit zu größeren Investitionen in den Folgejahren. Dies kann positiv sein, da das Unternehmen das Anlagevermögen schneller erneuert und somit ggf. moderner und wettbewerbsfähiger ist.

Vorteile	**Nachteile**
• Hilfreich in der Ermittlung der Abschreibungspolitik eines Unternehmens • Dient dem Vergleich mit Wettbewerbern • Erlaubt Rückschlüsse auf die Notwendigkeit von Investitionen	• Vermögensstruktur beeinflussbar (Kauf oder Leasing) • Verzerrungen durch voll abgeschriebene Anlagen • In Zeiten des starken Wachstums kann es zu deutlich veränderten Kennzahlen kommen • Änderung der Sachanlagenzusammensetzung kann zu Verzerrungen führen

6.14 Depreciation rate

Formula

$$\frac{\text{Depreciation of property, plant and equipment}}{\text{Property, plant and equipment at year end}} \times 100\,\%$$

Sample calculation

$$\frac{402}{2{,}736} \times 100\,\% = \mathbf{14.69\,\%}$$

Explanation

The depreciation rate usually shows the average useful life (in %) of the assets (the reverse figure shows the ratio in years). During comparison with other companies, the depreciation rate shows if a company's write-downs are in line with industry standards, or if it is aiming to disclose higher or lower profits. At the same time, a depreciation rate which increases over time shows that a company has had to make short-term replacement investments. In general, a high depreciation rate leads to lower useful lives for fixed assets, and thus to greater investments in subsequent years. This may be positive, as the company renews its fixed assets more quickly, and is thus more modern and competitive.

Advantages	**Disadvantages**
• Helpful in ascertaining a company's write-down policy	• Asset structure can be influenced (buy or lease)
• Allows comparison with competitors	• Distortions from assets written off in full respectively ascriptions
• Allows assumptions to be made on necessity of investments	• During high growth periods indicators may differ significantly
	• Change in composition of fixed assets can lead to distortions

6.15 Goldene Bilanzregel

Formel

$$\text{im engeren Sinne: } \frac{\text{Anlagevermögen}}{\text{Eigenkapital}} \leq 1$$

$$\text{im weiteren Sinne: } \frac{\text{Anlagevermögen}}{\text{Eigenkapital + Langfristiges Fremdkapital}} \leq 1$$

Rechenbeispiel

$$\text{im engeren Sinne: } \frac{3.093}{5.493} = \mathbf{0{,}56}$$

$$\text{im weiteren Sinne: } \frac{3.093}{5.493 + 288 + 1.140} = \mathbf{0{,}45}$$

Erläuterung

Die goldene Bilanzregel fordert, dass die Dauer der Kapitalbindung die Dauer der Kapitalüberlassung nicht überschreitet, d.h. die langfristig an das Unternehmen gebundenen Anlagegüter sollten durch langfristiges Kapital (im engeren Sinne ausschließlich durch Eigenkapital) gedeckt sein. Hält ein Unternehmen diese Regel nicht ein, kann es in die Bedrängnis geraten, Anlagevermögen veräußern zu müssen, um kurzfristige Verbindlichkeiten zu bedienen.

Vorteile	**Nachteile**
• Es läßt sich die Beziehung von Investition und Finanzierung aufweisen	• Anlagevermögen besitzt nicht zwingend lange Liquidationsdauer
• Solide, konservative Kennziffer, die allgemein bekannt ist und angewendet wird	• Dient eher als Kennzahl für den Gläubigerschutz
• Stellt Fristenkongruenzregel dar	
• Risikokennzahl	

6.15 Fixed assets to total equity

Formula

$$\text{in the closer sense: } \frac{\text{Fixed assets}}{\text{Total equity}} \leq 1$$

$$\text{in the broader sense: } \frac{\text{Fixed assets}}{\text{Total equity + Long term debt and liabilities}} \leq 1$$

Sample calculation

$$\text{in the closer sense: } \frac{3{,}093}{5{,}493} = \mathbf{0.56}$$

$$\text{in the broader sense: } \frac{3{,}093}{5{,}493 + 288 + 1{,}140} = \mathbf{0.45}$$

Explanation

This ratio demands that the capital lock-up period does not exceed the period for which the capital has been made available, i.e., that the assets tied into the company for the long-term are covered by long-term capital (in the closer sense exclusively by equity). If a company does not uphold this rule, the company may become forced to sell assets in order to service current liabilities.

Advantages	Disadvantages
• Shows the relationship between investment and financing	• Fixed assets do not necessarily require a long period to become liquid
• Solid, conservative indicator that is generally known and used	• Is rather an indicator for creditor protection
• Shows rule of matching periods	
• Risk indicator	

6.16 Goldene Finanzierungsregel

Formel

$$\frac{\text{Kurzfristiges Kapital}}{\text{Kurzfristiges Vermögen}} \leq 1$$

$$\frac{\text{Langfristiges Kapital}}{\text{Langfristiges Vermögen}} \geq 1$$

Rechenbeispiel

$$\frac{1.437 + 909 + 468}{6.888} = \mathbf{0{,}41}$$

$$\frac{5.439 + 1.140 + 288}{3.093} = \mathbf{2{,}24}$$

Erläuterung

Die goldene Finanzierungsregel besagt, dass sich die Fristen zwischen Kapitalbeschaffung und -rückzahlung einerseits und Kapitalverwendung andererseits entsprechen sollten. Kapital darf demnach nicht zeitlich länger in Vermögensteilen gebunden sein, als die jeweilige Dauer der Kapitalüberlassung. Finanziert ein Unternehmen eine langfristige Investition (z.B. eine Maschine) mit einem kurzfristigen Kredit, so könnte der Kredit fällig sein, bevor die notwendigen Einnahmen für die Tilgung des Kredits ausreichen. Diese Regel sollte insbesondere bei jungen Unternehmen Anwendung finden, die von Erlösen weniger Produkte abhängig sind.

Vorteile	**Nachteile**
• Kennzahl fordert die Einhaltung der Fristenkongruenz	• Stille Reserven werden nicht berücksichtigt
• Risikokennziffer im Sinne der Erfüllbarkeit von Zahlungsverpflichtungen in zeitlicher und wertmäßiger Übereinstimmung	• Nicht alle kurzfristigen Zahlungsverpflichtungen (Löhne und Gehälter) finden in der Bilanz Berücksichtigung
• Indikator für die zukünftige Investitions- und Finanzierungspolitik des Unternehmens	• Genaue Fristigkeit sowie die exakte Höhe der Erlöse folglich nicht aus der Bilanz entnehmbar

6.16 Golden financing rule

Formula

$$\frac{\text{Total current liabilities}}{\text{Total current assets}} \leq 1$$

$$\frac{\text{Total equity + Long-term liabilities}}{\text{Fixed assets}} \geq 1$$

Sample calculation

$$\frac{1{,}437 + 909 + 468}{6{,}888} = \mathbf{0.41}$$

$$\frac{5{,}439 + 1{,}140 + 288}{3{,}093} = \mathbf{2.24}$$

Explanation

These ratios state that the terms between obtaining and repaying capital on the one hand and the use of capital on the other should be in line with each other. According to this rule, capital may not be tied up in assets for a longer period than the capital is available to the company. If a company finances a long-term investment (e.g., a machine) with short-term financing, the loan may become due before the income required to repay the loan has been generated. This rule should be heeded in particular by young companies that depend on income from fewer products.

Advantages	Disadvantages
• Indicator helps to ensure that terms of assets and financing are in line • Risk indicator for ability to fulfill payment commitments regarding time and value • Indicator for company's future investment and financing policy	• Hidden assets are not taken into account • Not all current payment commitments are included on the balance sheet (wages and salaries) • Exact terms and the exact amount of income can thus not be seen on the balance sheet

6.17 Anlagendeckungsgrad

Formel

$$\text{Deckungsgrad I: } \frac{\text{Eigenkapital}}{\text{Anlagevermögen}} \times 100\,\%$$

$$\text{Deckungsgrad II: } \frac{\text{Eigenkapital + Langfristiges Fremdkapital}}{\text{Anlagevermögen}} \times 100\,\%$$

Rechenbeispiel

$$\text{Deckungsgrad I: } \frac{5.493}{3.093} \times 100\,\% = \mathbf{177{,}59\,\%}$$

$$\text{Deckungsgrad II: } \frac{5.493 + 1.140 + 288}{3.093} \times 100\,\% = \mathbf{223{,}76\,\%}$$

Erläuterung

Kennzahl über den Einsatz des vorhandenen Kapitals. Es wird die Frage beantwortet, inwieweit das Anlagevermögen, das dem Unternehmen dauerhaft zur Verfügung stehen soll, durch Eigenkapital gedeckt ist, das ebenso langfristig im Unternehmen verweilt. Je höher der Anlagendeckungsgrad, desto besser, da dann auch Teile des Umlaufvermögens mit finanziert werden. Der Anlagendeckungsgrad ist damit reziprok zur goldenen Bilanzregel. Sofern bekannt, kann beim Deckungsgrad II auch der langfristig finanzierte Teil des Umlaufvermögens zum Anlagevermögen hinzu gezählt werden (sog. eiserner Bestand des Vorratsvermögens).

Vorteile	**Nachteile**
• Berechnung der Einhaltung des Grundsatzes der Fristenkongruenz • Dient als Kontrollinstrument zur Aufrechterhaltung der Liquidität der Unternehmung	• Es kommt nur zu einer groben Annäherung der Fristigkeiten • Existenz stiller Reserven führt zu Verzerrungen • Die Art des Anlagevermögens bzw. der Substanz wird nicht in Betracht gezogen

6.17 Equity to assets ratio

Formula

$$\frac{\text{Total equity}}{\text{Fixed assets}} \times 100\,\%$$

$$\frac{\text{Total equity + Long-term liabilities}}{\text{Fixed assets}} \times 100\,\%$$

Sample calculation

$$\frac{5{,}493}{3{,}093} \times 100\,\% = \mathbf{177.59\,\%}$$

$$\frac{5{,}493 + 1{,}140 + 288}{3{,}093} \times 100\,\% = \mathbf{223.76\,\%}$$

Explanation

Indicator which shows how available capital is employed and which answers the question of the extent to which the fixed assets, which should be available to the company over the long term, are covered by equity that remains in the company for an equally long term. The higher the equity to assets ratio the better, as this means that parts of the current assets are also being financed long-term. The equity to assets ratio is thus the counterpart to the fixed assets to equity ratio. To the extent that it is known, in the second ratio the portion of current assets which has long-term financing can also be considered alongside the fixed assets (so-called staple inventory).

Advantages	Disadvantages
• Calculation shows whether principle of matching maturities is upheld • Serves as a control instrument to maintain a company's liquidity	• Only a rough approximation is possible • Existence of hidden assets leads to distortions • The type of fixed assets or quality is not considered

6.18 Kapitalbindung

Formel

$$\frac{\text{Kurzfristige Verbindlichkeiten + Verbindlichkeiten aus L\&L}}{\text{Umsatz}} \times 100\,\%$$

Rechenbeispiel

$$\frac{1.437 + 909 + 468}{14.019} \times 100\,\% = \mathbf{20{,}07\,\%}$$

Erläuterung

Mit der Kapitalbindung wird berechnet, welcher Teil des Umsatzes kurzfristig zur Tilgung von Verbindlichkeiten fällig ist. Je kleiner diese Prozentzahl ausfällt, desto positiver für die Unternehmung. Durch die Erwirtschaftung von liquiden Mitteln aus dem operativen Prozess sollte die Kennzahl Kapitalbindung auch im Zuge der Liquiditätsanalyse betrachtet werden.
Vertauscht man Zähler und Nenner, (14.019/2.814=4,98), so erhält man als Faktor, wie oft der Umsatz die kurzfristigen Verbindlichkeiten in dieser Periode eingespielt hat. In Tagen ausgedrückt: 365/4,98=73,29 Tage. Das bedeutet, dass die Unternehmung ca. zehn Wochen benötigt, um mit dem Umsatz (bei linearen Umsatzerlösen) die kurzfristigen Verbindlichkeiten zu tilgen. Diese Zahl kann für eine verbesserte Aussagekraft der Dauer des operativen Zyklus (vgl. Umsatzkosten zu Vorräten, S. 136) gegenübergestellt werden.

Hinweis: Die hier erläuterte Kapitalbindung ist nicht mit der Kapitalbindung im Rahmen der Investitionsrechnung zu verwechseln, die an dieser Stelle nicht erläutert wird.

Vorteile	**Nachteile**
• Überblick über relative Höhe der kurzfristigen Verbindlichkeiten • Liquiditätsinformation darüber, welcher Teil des Umsatzes nach Tilgung der kurzfristigen Verbindlichkeiten verbleibt • Findet Einsatz im Kreditvergabeprozess	• Geringe Aussagekraft • Kurzfristige Verbindlichkeiten sind stichtagsbezogen • Kostenstruktur bleibt unbeachtet

6.18 Current liabilities to sales

Formula

$$\frac{\text{Current liabilities}}{\text{Sales}} \times 100\,\%$$

Sample calculation

$$\frac{1{,}437 + 909 + 468}{14{,}019} \times 100\,\% = \mathbf{20.07\,\%}$$

Explanation

This ratio shows what part of sales is due for repaying liabilities over the short term. The smaller this percentage, the more positive this is for the company. This key indicator should also be considered when analyzing companies' liquidity as liquid funds are generated by operations.

If we swap the numerator and the denominator (14,019/2,814=4.98), we obtain a factor which shows how often current liabilities were covered by revenues in this period. Expressed in days: 365/4.98=73.29 days. This means that the company needs approx. ten weeks to repay its current liabilities with sales (given straight-line revenue income). To improve meaningfulness, this figure can be compared to the duration of the operating cycle (also see inventory turnover, page 137).

Advantages	Disadvantages
• Overview of the relative amount of current liabilities	• Low meaningfulness
• Liquidity information on which portion of sales is left after repaying current liabilities	• Current liabilities depend on balance sheet date
• Is used during credit issuing process	• Cost structure is not taken into account

6.19 Tilgungsfähigkeit

Formel

$$\frac{\text{Forderungen}}{\text{Kurzfristige Verbindlichkeiten}} \times 100\,\%$$

Rechenbeispiel

$$\frac{2.064}{1.437 + 909 + 468} \times 100\,\% = \mathbf{73{,}35\,\%}$$

Erläuterungen

Die Tilgungsfähigkeit (in der Literatur auch Zahlungsstrom genannt) gibt an, zu welchem Grad die kurzfristigen Verbindlichkeiten aus den bestehenden Forderungen getilgt werden können. Diese Kennzahl zeigt u.a. die Zahlungsfähigkeit der Unternehmung aus dem operativen Geschäft, sprich den fakturierten Umsätzen auf. Im Zusammenhang mit der Tilgungsfähigkeit sollte der Debitorenumschlag (siehe S. 130) sowie die Zahlungsziele der Kreditoren in die Interpretation einbezogen werden, da ein hoher Grad an kurzfristigen Verbindlichkeiten auch ein Indikator für die Marktmacht eines Unternehmens sein kann. Sollte diese Kennzahl geringer als 100 % sein, sollten gegebenenfalls zusätzlich Liquiditätskennzahlen (vgl. S. 156, 158) betrachtet werden, um die Gefahr einer möglichen Zahlungsunfähigkeit besser abschätzen zu können.

Vorteile	Nachteile
• Im Zeitverlauf Hinweis auf Forderungsmanagement bzw. veränderte Zahlungsziele des Unternehmens • Stellt Einkaufs- und Verkaufsgröße gegenüber	• Statische Kennzahl • Keine Aussage zu Fristigkeit • Gerade bei marktdominierenden (Handels-)Unternehmen wenig aussagekräftig • Keine generelle Aussage, ob und wie lange die Unternehmung noch liquide ist

6.19 Receivables to short-term liabilities

Formula

$$\frac{\text{Receivables}}{\text{Short-term liabilities}} \times 100\,\%$$

Sample calculation

$$\frac{2{,}064}{1{,}437 + 909 + 468} \times 100\,\% = \mathbf{73.35\,\%}$$

Explanation

Receivables to short-term liabilities shows to what extent short-term payables are covered by existing receivables. The ratio is, among others, an indicator for a company's ability to meet short-term financial obligations directly from its operating business (i.e., invoiced revenues).
In connection with this ratio the receivables turnover (see page 131) as well as the creditor's payment targets should be considered for the interpretation, because a high degree of short-term liabilities may also be an indicator for a strong market position. Should the ratio be less than 100 %, the current ratio and quick ratio (see pages 157, 159) should also be taken into account for better assessing the danger of possible liquidity problems.

Advantages	**Disadvantages**
• Over time an indicator for a company's account receivables management respectively changes in payment targets • Compares purchase to sales figures	• Static ratio • No information on maturities • Especially for market dominating (retail) companies hardly meaningful • No general information provided if and for how long a company is still liquid

6.20 Dynamisches Betriebsergebnis

Formel

$$\frac{\text{EBIT}}{\text{Kurzfristiges Fremdkapital}} \times 100\,\%$$

Rechenbeispiel

$$\frac{1.452}{1.437 + 909 + 468} \times 100\,\% = \mathbf{51{,}60\,\%}$$

Erläuterung

Die Kennzahl setzt das Betriebsergebnis ins Verhältnis zu den kurzfristigen Schulden. Das dynamische Betriebsergebnis zeigt dem Betrachter damit die Fähigkeit des Unternehmens, die kurzfristigen Verbindlichkeiten aus dem operativen Geschäft zu bedienen. Wichtige Kennzahl für Fremdkapitalgeber: Unternehmen, die ihre kurzfristigen Schulden nicht bedienen können, werden kaum ihre langfristigen Schulden bedienen können. Dies erschwert die weitere Fremdkapitalaufnahme erheblich.
Die Unternehmung aus dem vorliegenden Beispiel wäre nicht in der Lage, die Verbindlichkeiten aus Lieferungen und Leistungen aus dem operativen Gewinn zu bedienen. Dies kann ein Hinweis auf strukturelle Probleme einer Unternehmung sein, jedoch sind auch hier die Zahlungsziele zu berücksichtigen. Nimmt man den Kehrwert, so wird deutlich, in wie viel Jahren die Verschuldung (ggf. kann man auch die Gesamtverschuldung nehmen) abgebaut wird.

Vorteile	Nachteile
• Gute Aussagekraft über die Finanzstärke einer Unternehmung, da sie angibt, wie viel der tatsächlichen Verschuldung abgebaut werden kann • Zeigt die Fähigkeit an, aus dem operativen Geschäft die kurzfristigen Verbindlichkeiten zu tilgen	• Zahlungsfähigkeit kann ohne Berücksichtigung liquider Mittel nicht ermittelt werden • Vermögenssituation wird nicht berücksichtigt • Fristigkeiten werden ignoriert • Cash Flow aussagekräftiger als Betriebsergebnis (EBIT)

6.20 EBIT to short-term liabilities

Formula

$$\frac{\text{EBIT}}{\text{Short-term liabilities}} \times 100\,\%$$

Sample calculation

$$\frac{1{,}452}{1{,}437 + 909 + 468} \times 100\,\% = \mathbf{51.60\,\%}$$

Explanation

This ratio compares a company's EBIT to short-term liabilities. It is an indicator for a company's ability to cover short-term liabilities through operating income. This is an important figure especially for creditors, as companies which are not able to meet short-term obligations will most likely struggle with long-term debt. This can have a strong effect on a company's ability for further leverage.

In the example above, the company would not be able to repay its total short-term liabilities through operating income. This may be an indicator for a company's structural problems, but again payment targets should be taken into account. If we change numerator and denominator, it becomes visible how many years it takes to repay the company's short-term debt (if necessary total liabilities can be compared) by operating income.

Advantages	Disadvantages
• High significance for a company's financial power, showing the actual debt release • Shows the ability to redeem short-term liabilities from the operating business	• Solvency can only be determined by considering cash and cash equivalents • Assets are not considered • Maturities are ignored • Cash flow is more meaningful than EBIT

6.21 Zinsdeckungsgrad

Formel

$$\frac{\text{EBIT}}{\text{Zinsaufwand}}$$

Rechenbeispiel

$$\frac{1.452}{12} = \mathbf{121,0}$$

Erläuterung

Der Zinsdeckungsgrad macht eine Aussage darüber, in welchem Umfang der Zinsaufwand durch das operative Ergebnis gedeckt wird. Je niedriger dieser Anteil ist, desto höher ist die zusätzliche Ergebnisbelastung bei steigenden Fremdkapitalkosten, ausgelöst z.B. durch eine gesunkene Ratingeinstufung, und desto niedriger ist der Anteil des operativen Gewinns, der an die Aktionäre ausgeschüttet werden kann.
Auf der anderen Seite ist ein hoher Zinsdeckungsgrad ein Indikator, ob ein Unternehmen weiteres Fremdkapital aufnehmen kann, was die Kapitalkosten senken und damit die Renditegröße auf das Eigenkapital erhöhen würde. Im obigen Beispiel zeigt die Unternehmung einen verhältnismäßig geringen Zinsaufwand, was zu einem sehr hohen Zinsdeckungsgrad führt.

Vorteile	Nachteile
• Risikomaß für Verschuldungsgrad • Gibt Aufschluss über zusätzliches Verschuldungspotential • Ermittelt den Anteil des operativen Einkommens, der für die Fremdverschuldung aufgebracht werden muss	• Sollte in Zusammenhang mit anderen Kennzahlen betrachtet werden (z.B. Dynamischer Verschuldungsgrad), da alleine nicht aussagekräftig • Mietaufwendungen (Leasing) werden nicht berücksichtigt • Kaum aussagekräftig für Unternehmen, die geringe Verschuldung aufweisen

6.21 EBIT interest coverage

Formula

$$\frac{\text{EBIT}}{\text{Interest expense (income), net operating}}$$

Sample calculation

$$\frac{1{,}452}{12} = \mathbf{121.0}$$

Explanation

EBIT interest coverage shows the extent to which operating earnings cover interest expense. The lower this ratio, the higher the additional impact on earnings if the cost of debt increases, e.g., from a lower rating, and the lower the proportion of operating profit that can be distributed to shareholders. On the other hand, a high interest coverage ratio indicates whether or not a company can take out further loans, which would lower the total cost of capital and thus increase the return on equity. In the example above the company shows relatively low net operating interest expense in the income statement leading to a very high EBIT interest coverage ratio.

Advantages	Disadvantages
• Shows risk for level of debt • Provides information on additional debt potential • Shows proportion of operating income that must be paid to repay debt	• Should be considered in conjunction with other indicators (e.g., dynamic gearing), as not meaningful when taken alone • Rental expense (leasing) is not considered • Little significance for companies with little or no debt

Kapitel / Chapter 7

Kennzahlen der Unternehmensbewertung / Ratios for corporate valuation

7.1 Gewinn je Aktie, unverwässert

Formel

$$\frac{\text{Jahresüberschuss} \pm \text{Außerordentliches Ergebnis} - \text{Vorzugsdividenden}}{\text{Durchschnittliche, gewichtete Anzahl ausstehender Stammaktien}}$$

Rechenbeispiel

$$\frac{882 \pm 0 - 0}{\frac{(354 + 354)}{2}} = \textbf{2,49 je Aktie}$$

Erläuterung

Um den unverwässerten Gewinn je Aktie zu errechnen werden vom bereinigten Jahresüberschuss (+/– außerordentliches Ergebnis) die Vorzugsdividenden abgezogen und durch die durchschnittliche, gewichtete Anzahl der Stammaktien geteilt.
Die Kennzahl ist die am häufigsten verwendete Zahl, um die Entwicklung eines Unternehmens im Zeitverlauf abzubilden und dient als eine Grundlage der Unternehmensbewertung. Zu berücksichtigen ist die unterschiedliche Gewinnermittlung in Abhängigkeit der länderspezifischen Rechnungslegungsvorschriften. Aktienoptionen, Wandelanleihen, Bezugsrechte oder Kapitalerhöhungen erhöhen die Anzahl der Aktien und verwässern hierdurch den Gewinn pro Aktie (vgl. auch S. 190).

Vorteile	**Nachteile**
• Dient der Unternehmensbewertung	• Statische Größe
• Vielzahl von (Analysten-) Schätzungen frei zugänglich	• Gewinn unterliegt ggf. unterschiedlichsten Adjustierungen
• Intuitiv nachvollziehbar	• Die Berechnung der Anzahl der Aktien erfolgt nicht einheitlich
• Dient dem industriellen Vergleich	• Unterliegt den größtmöglichen bilanzpolitischen Spielräumen

7.1 Earnings per share (EPS), basic

Formula

$$\frac{\text{Net income} \pm \text{extraordinary items} - \text{Preferred dividends}}{\text{Weighted average total common shares outstanding}}$$

Sample calculation

$$\frac{882 \pm 0 - 0}{\frac{(354 + 354)}{2}} = \mathbf{2.49\ per\ share}$$

Explanation

When calculating earnings per share, the company's profits (net income), adjusted for extraordinary items, are divided by the average number of total common shares outstanding.
This indicator is used most often to describe a company's performance over time and is one of the basics of company valuation. We must take into account the different ways of calculating net income depending on the various national accounting standards. Share options, convertible bonds, rights issues or capital increases raise the number of outstanding shares and thus dilute the earnings per share (also see page 191).

Advantages	Disadvantages
• Used in company valuations	• Static figure
• Large number of (analyst) estimates are freely accessible	• Net income may be subject to a wide range of adjustments
• Intuitive	• Calculations for the number of shares are not always uniform
• Used in industry comparisons	• Is subject to the greatest possible accounting policy latitude

7.2 Gewinn je Aktie, verwässert

Formel

$$\frac{\text{Jahresüberschuss} \pm \text{Außerordentliches Ergebnis} - \text{Vorzugsdividenden} + \text{Zinsaufwand für Wandelanleihen } (t-1)}{\text{Durchschnittliche, gewichtete Anzahl ausstehender Stammaktien} + \text{Gewandelte Aktien}}$$

Rechenbeispiel

$$\frac{882 \pm 0 - 0 + 0}{\frac{354 + 354}{2} + 0} = \mathbf{2{,}49 \text{ je Aktie}}$$

Erläuterung

Zur Berechnung des verwässerten Gewinns je Aktie wird der um das außerordentliche Ergebnis bereinigte und verwässerte Jahresüberschuss, adjustiert um Zinsaufwendungen für Wandelanleihen durch die durchschnittliche Anzahl der ausstehenden Stammaktien zuzüglich den gewandelten Aktien geteilt. Sobald Aktienoptionen ausgeübt oder Wandelanleihen in Aktien gewandelt werden, steigt die Anzahl der ausstehenden Aktien, was sich negativ auf das verwässerte Ergebnis je Aktie auswirkt.
Die Kennzahl ist die am häufigsten verwendete Zahl, um die Entwicklung eines Unternehmens im Zeitverlauf abzubilden und dient als eine Grundlage der Unternehmensbewertung. Zu berücksichtigen ist die unterschiedliche Gewinnermittlung in Abhängigkeit der länderspezifischen Rechnungslegungsvorschriften. Der Unterschiedsbetrag zwischen dem verwässerten und unverwässerten Gewinn je Aktie zeigt den Einfluss von Managemententscheidungen in Bezug auf Kapitalmaßnahmen oder Aktienoptionsplänen.

Vorteile	**Nachteile**
• Dient der Unternehmensbewertung • Vielzahl von (Analysten-) Schätzungen frei zugänglich • Bereinigte Gewinngröße • Dient dem industriellen Vergleich	• Statische Größe • Gewinn unterliegt ggf. unterschiedlichsten Adjustierungen • Die Berechnung der Anzahl der Aktien erfolgt nicht einheitlich • Unterliegt den größtmöglichen bilanzpolitischen Spielräumen

7.2 Earnings per share (EPS), diluted

Formula

$$\frac{\text{Net income excl. extraordinary items} - \text{Preferred dividends} + \text{Interest expense for convertible bonds } (t-1)}{\text{Weighted average total common shares outstanding} + \text{Converted shares}}$$

Sample calculation

$$\frac{882 \pm 0 - 0 + 0}{\frac{354 + 354}{2} + 0} = \textbf{2.49 per share}$$

Explanation

In order to calculate diluted earnings per share, the company's profits (diluted net income), adjusted for extraordinary items and interest expense for convertible bonds, are divided by the average number of common shares including the new shares converted from convertible bonds. As soon as stock options or convertible bonds are converted into stocks, the number of total shares outstanding rises, which results in a negative impact on earnings per share, diluted.

This figure is the indicator used most often to describe a company's performance over time and is one of the basics of company valuation. We must take into account the different ways of calculating net income depending on the various national accounting standards. The difference between EPS, basic and diluted shows the impact of corporate actions (e.g. capital increase) and/or stock option plans.

Advantages	Disadvantages
• Used in company valuations • Large number of (analyst) estimates are freely accessible • Adjusted earnings figure • Used in industry comparisons	• Static figure • Net income may be subject to a wide range of adjustments • Calculations for the number of shares are not always uniform • Is subject to the greatest possible accounting policy latitude

7.3 Kurs-Gewinn-Verhältnis (KGV)

Formel

$$\frac{\text{Börsenkurs je Aktie}}{\text{Gewinn je Aktie, verwässert}}$$

Rechenbeispiel

$$\frac{35{,}00}{2{,}49} = \mathbf{14{,}06}$$

Erläuterung

Das Kurs-Gewinn Verhältnis bringt zum Ausdruck, mit dem Wievielfachen des heutigen Gewinns das Unternehmen an der Börse bewertet wird. Ein hohes KGV kann gleichzeitig bedeuten, dass die Qualität der Gewinne in den zukünftigen Jahren stark zunimmt und somit das KGV in der Zukunft entsprechend sinkt.
Da jedoch der Gewinn eines Unternehmens gerade im internationalen Vergleich eine sehr schwankungsanfällige Größe ist, ist die Aussagekraft des KGV's begrenzt. Es eignet sich jedoch für einen schnellen Vergleich innerhalb eines Jahres und einer Branche. Das langfristige KGV des Aktienmarktes liegt bei ca. 15. Man spricht daher häufig auch von einer Überbewertung (KGV > 20) bzw. Unterbewertung (KGV < 10) des Aktienmarktes. Das KGV ist eine sehr volatile Kennzahl, die stark auf externen Erwartungen und Einflüssen beruht.

Vorteile

- Schnelle Vergleichbarkeit
- Branchenunabhängiger Indikator
- Einfach zu ermitteln
- Vielzahl von Gewinnschätzungen sind frei zugänglich, dadurch schnelle Berechnung möglich

Nachteile

- Keine Berücksichtigung des Unternehmenswachstums
- Statische Kennzahl
- Gewinne sind abhängig von Bilanzpolitik sowie nationalen Rechnungslegungsvorschriften und Steuergesetzen
- Ein Unternehmen muss für die Berechnung des KGV's Gewinne erzielen

7.3 Price earnings ratio (P / E)

Formula

$$\frac{\text{Price per share}}{\text{Earnings per share, diluted}}$$

Sample calculation

$$\frac{35.00}{2.49} = \mathbf{14.06}$$

Explanation

The P / E ratio expresses the factor by which the company's current profits are valued on the stock market. At the same time, a high P / E ratio can mean that the quality of profits in future years is increasing strongly and that the P / E ratio will decrease accordingly in the future.
However, as a company's profits are subject to major fluctuations, in particular in international comparisons, the meaning of the P / E ratio is limited. It is suitable for a quick comparison within one year and one industry. The long term P / E ratio for stocks is around 15. We thus often talk of overvaluation (P / E > 20) or undervaluation (P / E < 10) of the stock market. The P / E ratio is a highly volatile indicator that is strongly based on external expectations and influences.

Advantages	Disadvantages
• Allows quick comparison	• No consideration of company growth
• Non-industry dependent indicator	• Static indicator
• Easy to calculate	• Profits are dependent on accounting policy and national accounting standards and tax legislation
• Large number of profit estimates are freely accessible, making quick calculation possible	• A company must record profits to allow calculation of the P / E ratio

7.4 Dynamisches KGV

Formel

$$\frac{\text{KGV}}{\text{Durchschnittliche Gewinnwachstumsrate (CAGR)}}$$

Rechenbeispiel

$$\frac{14{,}06}{10} = \mathbf{1{,}41}$$

Erläuterung

Das Price Earnings Growth Ratio – oder auch dynamisches KGV – setzt das KGV ins Verhältnis zum durchschnittlichen Gewinnwachstum (englisch: Compound Average Growth Rate – CAGR) eines Unternehmens. Die CAGR wird üblicherweise für einen Zeitraum über die zukünftigen drei bis fünf Jahre errechnet.
Das Price Earnings Growth Ratio eignet sich daher insbesondere für junge, schnell expandierende Unternehmen und relativiert zum Teil die Starrheit des KGV's. Weist ein Unternehmen etwa jährliche Gewinnsteigerungen von 25 % bei einem KGV von 25 auf, so hätte dieses Unternehmen ein PEG Ratio von 1 und wäre per Definition fair bewertet. Werte größer 1 gelten im allgemeinen als überbewertet, Werte mit einem PEG Ratio kleiner 1 dagegen als tendenziell unterbewertet.

Vorteile	**Nachteile**
• Einfach zu ermitteln • Versucht eine dynamische Komponente zu berücksichtigen • Dient dem relativen Vergleich	• Gibt keine klaren Kriterien für die Höhe des PEG Ratios • Überkommt nur in sehr geringem Maße die Nachteile des »klassischen« KGV's

7.4 Price earnings growth ratio (PEG)

Formula

$$\frac{\text{P/E ratio}}{\text{Compound average growth rate (CAGR)}}$$

Sample calculation

$$\frac{14.06}{10} = \mathbf{1.41}$$

Explanation

The price earnings growth ratio – or the dynamic P/E ratio – is the ratio of P/E to the company's compound average growth rate (CAGR). The CAGR is usually calculated for three to five years in the future.
This means that the price earnings growth ratio is mainly suitable for young, fast-growing companies and to some extent it puts the rigidity of the P/E ratio into perspective. For example, if a company records annual profit increases of 25 % with a P/E ratio of 25, then this company would have a PEG ratio of 1 and would thus be, by definition, fairly valued. Companies with a PEG ratio > 1 are generally regarded as being overvalued, companies with PEG ratios < 1 tend to be undervalued.

Advantages	Disadvantages
• Easy to calculate • Tries to take a dynamic component into account • Used in relative comparisons	• Does not provide any clear criteria for the amount of the PEG ratio • Only marginally overcomes the disadvantages of the "traditional" P/E ratio

7.5 EBITDA je Aktie

Formel

$$\frac{\text{EBITDA}}{\text{Anzahl der ausstehenden Stammaktien}}$$

Rechenbeispiel

$$\frac{1.944}{354} = \mathbf{5{,}49}$$

Erläuterung

Für die Berechnung der Kennzahl wird das EBITDA durch die Anzahl der ausstehenden (verwässerten) Stammaktien geteilt. Somit lässt sich das rein operative Ergebnis je Aktie ermitteln, das Steuer- und Zinszahlungen sowie Abschreibungen außer Acht lässt. Die Kennzahl macht die Ertragskraft von Unternehmen international vergleichbar, da unterschiedliche Steuergesetze, unterschiedliche Kapitalstrukturen oder differierende Abschreibungspolitiken keinen Einfluss haben.

Vorteile	Nachteile
• Der Einfluss verschiedener Finanzierungsformen verfälscht die Kennzahl nicht (ggf. nicht für Leasing zutreffend) • Abschreibungen haben keinen Einfluss • Kann als Indikator für die operative Ertragskraft pro Aktie eingesetzt werden • Erleichtert die internationale Vergleichbarkeit, da z. B. nationale Steuergesetze außen vorbleiben	• Nur in Verbindung mit anderen Kennzahlen wirklich aussagekräftig (z.B. Enterprise Value oder Marktkapitalisierung) • Industrieübergreifende Vergleiche sind nur schwer möglich

7.5 EBITDA per share

Formula

$$\frac{\text{EBITDA}}{\text{Total common shares outstanding}}$$

Sample calculation

$$\frac{1{,}944}{354} = \mathbf{5.49}$$

Explanation

For calculating this ratio a company's EBITDA is compared to total common shares outstanding (diluted). The ratio shows a company's operating profit per share, not considering interest and taxes as well as depreciation and amortization. This cash flow approximation helps to internationally compare a company's earnings power within an industry, as national tax regulations, differences in the capital structure or depreciation policies are not taken into account.

Advantages	Disadvantages
• The impact of various forms of financing is not considered (may not apply to leasing) • Write-downs have no impact • Can be used as indicator for a company's operative earnings power per share • Makes international comparison more simple, as national taxes are not included	• Only truly meaningful together with other indicators (e.g., enterprise value or market capitalization • Cross-industry comparisons are difficult

7.6 Cash Flow pro Aktie

Formel

$$\frac{\text{Cash Flow aus operativer Geschäftstätigkeit}}{\text{Anzahl der ausstehenden Stammaktien}}$$

Rechenbeispiel

$$\frac{1.248}{354} = \mathbf{3{,}53}$$

Erläuterung

Für die Errechnung des Cash Flows pro Aktie wird der operative Cash Flow ins Verhältnis zur Anzahl der ausstehenden Stammaktien (verwässert oder unverwässert) gesetzt.
Die Kennzahl dient als Ergänzung zum Gewinn pro Aktie, da die Ermittlung des Cash Flows unabhängiger von unterschiedlichen Rechnungslegungsstandards ist. Der Cash Flow pro Aktie dient als Indikator für die Finanzkraft des Unternehmens sowie die Fähigkeit, Dividenden auszuschütten. Die Kennzahl eignet sich daher sehr gut für Unternehmensvergleiche innerhalb der gleichen Branche.

Vorteile	**Nachteile**
• Dient der Bewertung eines Unternehmens • Ermöglicht den relativen Vergleich von Wettbewerbern • Weniger anfällig für bilanzpolitische Maßnahmen	• Variiert stark im Zeitablauf, da Cash Flow schwankungsanfällig ist • Kapitalkosten werden nicht berücksichtigt • Investitionserfordernisse werden nicht berücksichtigt

7.6 Cash flow per share

Formula

$$\frac{\text{Cash flow from operating activities}}{\text{Total common shares outstanding}}$$

Sample calculation

$$\frac{1{,}248}{354} = \mathbf{3.53}$$

Explanation

The cash flow per share is calculated by dividing the cash flow from operating activities by (diluted) common shares outstanding, respectively the average total common shares outstanding. Cash flow per share reflects the company's earnings power and is a valuable information in addition to EPS. In contrast to net income, the cash flow eliminates depreciation and amortization as well as changes in assets and liabilities. Therefore, the ratio is well-suited for company comparisons within the industry.

Advantages	Disadvantages
• Used in company valuations • Allows relative peer group analyses • Cash flow is less susceptible to accounting policy	• May vary strongly over time, as cash flow can fluctuate • Costs of capital respectively invested capital are not considered • Investment requirements are not taken into account

7.7 Marktkapitalisierung

Formel

Anzahl der ausstehenden Stammaktien × Preis pro Aktie

Rechenbeispiel

354 Mio. × 35,00 = **12.390 Mio.**

Erläuterung

Die Marktkapitalisierung ergibt sich aus der Anzahl der Aktiengattung (Stamm- bzw. Vorzugsaktien) multipliziert mit dem jeweiligen Aktienkurs. Die Marktkapitalisierung drückt somit den aktuellen Marktwert des Eigenkapitals eines Unternehmens aus.

Je höher die Marktkapitalisierung eines Unternehmens, desto höher ist in der Regel das Interesse der Investoren und damit die Liquidität einer Aktie. An vielen Börsen sind die Liquidität und die Marktkapitalisierung eines Unternehmens die zwei wichtigsten Komponenten für die Zugehörigkeit zu einem Aktienindex. Ist ein Unternehmen in einem Aktienindex (z.B. Dow Jones, FTSE 100, DAX) vertreten, so steigert dies wiederum die Aufmerksamkeit internationaler Investoren.

Vorteile	Nachteile
• Dient dem Größenvergleich von Unternehmen • Die Marktkapitalisierung wird häufig als Maßstab für die Investierbarkeit von Aktien herangezogen, d.h. niedriger Markteinfluss auch bei großvolumigen Aktienorders	• Es gibt unterschiedliche Formen der Marktkapitalisierung. Hierbei ist ausschlaggebend, ob Aktien in »festen Händen« (Bsp. Familienbesitz) oder frei verfügbar sind. Die Marktkapitalisierung in den Indizes bezieht sich in der Regel auf die Anzahl der frei verfügbaren Aktien

7.7 Market capitalization

Formula

Total common shares outstanding × Price per share

Sample calculation

354 m × 35.00 = **12,390 m**

Explanation

Market capitalization is given by the number of shares of a specific type, usually total common shares outstanding, multiplied by the respective share price. Market capitalization thus expresses the current market value of a company's equity.

As a rule, the higher a company's market capitalization the higher the investors' interest is, and thus the share's liquidity, i.e. the number of shares traded on a daily basis. Many stock exchanges use in particular the market capitalization and the daily volume as the decisive components for the company's membership of a stock index. If a company is included in an index (e.g., Dow Jones Industrial, FTSE 100, DAX), then this in turn increases awareness of the company among international investors.

Advantages	Disadvantages
• Used to compare company size • Market capitalization is often used to measure how investable shares are, i.e., lower market impact even for large-volume share orders	• There are various forms of market capitalization. A key factor is whether the shares are in "fixed hands" (e.g., family owned) or if they are freely available. The market capitalization in the indices are generally based on free float shares

7.8 Kurs-Cash Flow-Verhältnis (KCV)

Formel

$$\frac{\text{Marktkapitalisierung}}{\text{Cash Flow aus operativer Geschäftstätigkeit}}$$

Rechenbeispiel

$$\frac{354 \times 35{,}00}{1.248} = \mathbf{9{,}93}$$

Erläuterung

Setzt man die Marktkapitalisierung ins Verhältnis zum operativen Cash Flow bzw. teilt man alternativ den Aktienkurs durch den Cash Flow pro Aktie, so erhält man das Kurs-Cash Flow-Verhältnis eines Unternehmens.
Die Kennzahl besagt, mit welchem Faktor des Cash Flows die Aktien eines Unternehmens an der Börse bewertet sind und dient als Ergänzung zum KGV. Aufgrund der höheren Aussagefähigkeit des Cash Flows im Vergleich zum Gewinn kann durch Berücksichtigung des Kurs-Cash Flow-Verhältnisses die relative Attraktivität einer Aktie im Vergleich zur Branche ermittelt werden.

Vorteile	Nachteile
• Einfach zu ermitteln • Cash Flow ist bilanzpolitisch weniger beeinflussbar • Dient dem relativen Vergleich	• Investitionserfordernisse werden nicht berücksichtigt • Kapitalkosten werden nicht berücksichtigt • Das zugrunde gelegte Kapital findet keine Berücksichtigung

7.8 Market capitalization to cash flow

Formula

$$\frac{\text{Market capitalization}}{\text{Cash flow from operating activities}}$$

Sample calculation

$$\frac{354 \times 35.00}{1{,}248} = \mathbf{9.93}$$

Explanation

If we divide the share price by the cash flow per share, diluted, (alternatively market capitalization divided by operating cash flow as shown in the example above) then we obtain the company's price/cash flow ratio.
This indicator shows the factor by which the company's cash flow is valued on the stock market and serves as a supplement to the P/E ratio. The fact that the cash flow is more meaningful than profits allows us to derive the share's relative attractiveness compared to the industry by considering the price/cash flow ratio.

Advantages	Disadvantages
• Easy to calculate • Cash flow is less susceptible to accounting policy • Used in relative comparisons	• Investment requirements are not taken into account • Costs of capital are not considered • The underlying capital is not taken into account

7.9 Kurs-Umsatz-Verhältnis

Formel

$$\frac{\text{Marktkapitalisierung}}{\text{Umsatz}}$$

Rechenbeispiel

$$\frac{12.390}{14.019} = \mathbf{0{,}88}$$

Erläuterung

Diese Kennzahl setzt die aktuelle Marktkapitalisierung des Unternehmens an der Börse ins Verhältnis zum Umsatz des letzten Geschäftsjahrs. Sie bringt zum Ausdruck, mit welchem Vielfachen ein EUR Umsatz an der Börse bewertet wird. Ein Wert von 0,88 sagt beispielsweise aus, dass ein Euro Umsatz aktuell mit 0,88 EUR an der Börse bewertet wird.
Der Einsatz der Kennzahl ist unter anderem sinnvoll, wenn Unternehmen keine Gewinne erwirtschaften und innerhalb der Branche verglichen werden sollen. Jedoch sollte die Kennzahl immer in Verbindung mit der Umsatzrendite oder dem Umsatzwachstum betrachtet werden, da sonst die Aussagefähigkeit eingeschränkt ist.

Vorteile	Nachteile
• Dient der Unternehmensbewertung	• Zu ungenau, um Unternehmenswert zu ermitteln
• Bilanzpolitische Maßnahmen haben kaum Einfluss	• Finanzierungsformen bleiben unberücksichtigt
• Hilfreich, wenn Unternehmen noch kein positives operatives Ergebnis erwirtschaften	• Unterschiedliche Wachstumsraten kommen nicht zum Tragen
• Einfach zu ermitteln	

7.9 Market capitalization to sales

Formula

$$\frac{\text{Market capitalization}}{\text{Sales}}$$

Sample calculation

$$\frac{12{,}390}{14{,}019} = \mathbf{0.88}$$

Explanation

This indicator is the ratio of the company's current stock market capitalization to its sales in the past fiscal year. It expresses the factor by which one unit of sales (i.e. one Euro) is valued on the stock market. For example, a ratio of 0.88 shows that 1.00 EUR of sales is currently valued at 0.88 EUR on the stock market.
It can be pertinent to use this indicator, for example, if a company does not record any profits and has to be compared within its industry. However, the indicator should always be observed in conjunction with the return on sales or sales growth, as its meaningfulness is otherwise limited.

Advantages	Disadvantages
• Used in company valuations	• Not precise enough to calculate a company's value
• Accounting policy has almost no impact	• Forms of financing are not taken into account
• Helpful if company does not yet record a positive operating result	• Different growth rates are not borne out
• Easy to calculate	

7.10 Kurs-Buchwert-Verhältnis

Formel

$$\frac{\text{Marktkapitalisierung}}{\text{Buchwert des Eigenkapitals}}$$

Rechenbeispiel

$$\frac{12.390}{5.493} = \mathbf{2{,}26}$$

Erläuterung

Das Kurs-Buchwert-Verhältnis stellt die Marktkapitalisierung dem bilanziellen Eigenkapital gegenüber. Der Buchwert stellt den Substanzwert der Vermögensgegenstände dar. Zu beachten ist, dass bei Unternehmen aufgrund von Rechnungslegungsvorschriften die Buchwerte oftmals deutlich unter dem aktuellen Marktwert angesetzt werden, was diese Aussagekraft der Kennzahl beeinträchtigt.
Grundsätzlich ist ein niedriges Kurs-Buchwert Verhältnis ein Indikator für ein günstig bewertetes Unternehmen. In der Regel ist das Kurs-Buchwert-Verhältnis größer als 1, d.h. der Aktionär zahlt für die positiven Zukunftsaussichten ein Agio. In Baisse-Phasen sind die Buchwerte z.T. größer als der jeweilige Aktienkurs. Dies ist besonders bei zyklischen Unternehmen der Fall, bei denen Gewinne überdurchschnittlich einbrechen. Diese Phasen sind aber an der Börse meist nur von kurzer Dauer.

Vorteile	Nachteile
• Einfach zu ermitteln	• Statische Kennzahl
• Dient der Unternehmensbewertung	• Wachstum eines Unternehmens bleibt unberücksichtigt
• Bezieht sich auf die Substanz eines Unternehmens	• Nach HGB ist eine Verrechnung von Goodwill mit Eigenkapital möglich. Dies kann zu deutlichen Verzerrungen führen

7.10 Price to book (total equity)

Formula

$$\frac{\text{Market capitalization}}{\text{Total equity}}$$

Sample calculation

$$\frac{12{,}390}{5{,}493} = \mathbf{2.26}$$

Explanation

The price to book ratio shows the ratio of the current market capitalization divided by the balance sheet equity. The book value represents the quality of the company's assets. We must take into account that hidden assets may show book values which are significantly below their current fair value.
In general, a low price to book ratio indicates that a company is valued low. As a rule, the price to book ratio is greater 1, i.e., the shareholder pays a premium for the positive future prospects. During bear markets, the book value sometimes exceeds the respective share price. This holds particularly true for cyclical companies, for which profits slump more than average. However, these periods are mostly short-lived on the stock market.

Advantages	Disadvantages
• Easy to calculate • Used in company valuations • Based on a company's quality	• Static indicator • Company growth is not taken into account • Some national accounting laws allow goodwill to be offset against equity. This may lead to distortions

7.11 Buchwert je Aktie

Formel

$$\frac{\text{Buchwert des Eigenkapitals – Bevorzugtes Eigenkapital}}{\text{Anzahl der am Bilanzstichtag ausstehenden Stammaktien}}$$

Rechenbeispiel

$$\frac{5.493 - 0}{354} = \mathbf{15{,}52}$$

Erläuterung

Der Buchwert je Aktie ermittelt sich, indem das bilanzielle Eigenkapital abzüglich des Vorzugskapitals durch die Anzahl der ausstehenden Stammaktien dividiert wird. Das Ergebnis gibt Aufschluss über den Substanzwert einer Aktie. Je größer die Differenz zwischen Substanzwert und tatsächlichem Aktienkurs, desto höher der Wert der zukünftigen, abdiskontierten freien Cash Flows, der in dem Aktienkurs enthalten ist.
Dies heißt im Umkehrschluss, dass Aktien mit sehr niedrigen Buchwerten für Investoren ein gestiegenes Risiko enthalten, sofern Cash Flow Prognosen nicht eintreffen. Sofern der Buchwert über dem tatsächlichen Aktienkurs notiert, kann dies ein Indikator für implizite Unternehmensrisiken sein, die das Eigenkapital eines Unternehmens aufzehren könnte.

Vorteile	**Nachteile**
• Einfach zu berechnen • Findet im Zuge der Unternehmensbewertung Anwendung, um Über- oder Unterbewertungen zu erkennen • Dient zur Ermittlung der Unternehmenssubstanz und damit der -qualität • Risikokennzahl bis zu einem bestimmten Ausmaß	• Statische Kennzahl • Unternehmenswachstum findet keine Berücksichtigung • Abhängig von den Rechnungslegungsvorschriften, ggf. kann der Goodwill mit dem Eigenkapital verrechnet werden, was zu Verzerrungen führt

7.11 Net asset value per share

Formula

$$\frac{\text{Total equity} - \text{Preferred equity}}{\text{Total number of common shares outstanding}}$$

Sample calculation

$$\frac{5{,}493 - 0}{354} = \mathbf{15.52}$$

Explanation

The net asset value (NAV) per share, or also called book value per share is calculated by dividing total equity (minus preferred equity) by total common (respectively ordinary) shares outstanding. The result provides information on the company's net asset value. The higher the difference between the company's net asset value and the actual share price, the higher the amount of future free cash flows is already priced into the stock. This in turn means that stocks with relatively low net asset values in comparison to their share price may hold more risk for its investors in case cash flows fluctuate stronger than anticipated.
In case NAV is higher than the actual share price, this might be an indicator for implied risks which the company is facing (e.g., solvency problems, court decisions), which then again may threaten current levels of the company's equity.

Advantages	Disadvantages
• Easy to calculate	• Static indicator
• Used in company valuations, as it can show over- or under-valuation of a stock	• Company growth is not taken into account
• Helps to reveal company's quality	• Depending on accounting standards, sometimes goodwill may be offset against equity leading to distortions
• Risk indicator to a certain extent	

7.12 Enterprise Value (EV)

Formel	Rechenbeispiel
Marktkapitalisierung	12.390
– Liquide Mittel	– 2.526
+ Kurzfristige Verbindlichkeiten	2.814
+ Langfristige Verbindlichkeiten	1.428
+ Minderheiten	36
+ Bevorzugtes Eigenkapital	0
= **Enterprise Value**	= **14.142**

Erläuterung

Der Enterprise Value ergibt sich, indem zum Marktwert (die Bewertung des Eigenkapitals an der Börse) eines Unternehmens die Verbindlichkeiten sowie die Minderheiten und das bevorzugte Eigenkapital hinzuaddiert und liquide Mittel abgezogen werden. Der EV berücksichtigt (im Gegensatz z.B. zum KGV) die Kapitalstruktur als auch die (unrentable) Cash-Position bei einem Unternehmensvergleich. Die Berechnung des Enterprise Values basiert auf dem Grundgedanken, dass die Finanzstruktur nicht den Unternehmenswert beeinflusst.
Der Enterprise Value ist letztlich der Marktwert des Gesamtkapitals und somit der Unternehmenswert aus Sicht aller Kapitalgeber (Eigen- und Fremdkapital).

Vorteile	Nachteile
• Ein größerer Anteil des investierten Kapitals (Mittelherkunft) findet Berücksichtigung • EV berücksichtigt die Kapitalstruktur und »bestraft« Unternehmen mit zu hohen und unrentablen Cash-Reserven	• Der Buchwert des Fremdkapitals ist lediglich eine Annäherung an die tatsächliche Höhe der Fremdverschuldung • Komplexe Berechnung, sofern Marktkapitalisierung nicht vorhanden ist

7.12 Enterprise value (EV)

Formula	Sample calculation
Market capitalization	12,390
– Cash and cash equivalents	(2,526)
+ Notes payable / short-term debt	2,814
+ Total long-term debt	1,428
+ Minority interest	36
+ Total preferred equity	0
= Enterprise value	**= 14,142**

Explanation

Enterprise value is given by adding the liabilities as well as minority interest and total preferred equity to a company's market value (market capitalization) and deducting the cash and equivalents. In contrast to the P/E ratio EV takes into account the capital structure as well as the (unprofitable) cash item in company comparisons. Calculations for the enterprise value are based on the idea that the company's financial structure does not impact its value.
At the end of the day, enterprise value shows the market value of the company's total capital and thus shows the company's value from the perspective of those providing capital (total investors and creditors).

Advantages	Disadvantages
• A larger proportion of invested capital (fund origin) is considered • EV takes capital structure into account and "punishes" companies with high cash levels	• The book value of debt is simply an approximation of the actual amount of debt • Complex calculation if market capitalization is not known

7.13 Enterprise Value / EBIT

Formel

$$\frac{\text{Enterprise Value}}{\text{EBIT}}$$

Rechenbeispiel

$$\frac{14.142}{1.452} = \mathbf{9{,}74}$$

Erläuterung

Das EV/EBIT setzt den Marktwert ins Verhältnis zum operativen Gewinn eines Unternehmens. Diese Kennzahl ist somit eine Alternative zum KGV, da es unterschiedliche Finanzierungsstrukturen und Steuerbelastungen auf internationaler Ebene berücksichtigt, indem die Zinsbelastung und der Steueraufwand aus dem Jahresüberschuss herausgerechnet werden. Im obigen Beispiel dient das Ergebnis von 9,74 somit als Ergänzung zu dem errechneten KGV von über 14 (vgl. S. 192).

Vorteile	**Nachteile**
• Unabhängig von der Finanzierungsform	• Kapitalkosten bleiben unberücksichtigt
• Die nationale Steuerquote bleibt ohne Einfluss	• Investitionserfordernisse kommen nicht zum Tragen
• Es erfolgt eine Bewertung des operativen Ergebnisses	

7.13 Enterprise value / EBIT

Formula

$$\frac{\text{Enterprise value}}{\text{EBIT}}$$

Sample calculation

$$\frac{14{,}142}{1{,}452} = \mathbf{9.74}$$

Explanation

EV/EBIT compares a company's market value to its operating profits. This indicator thus offers an alternative to the P/E ratio, as it takes into account different financing structures and taxation at an international level by removing interest charges and tax expense from net income. In the example above, EV/EBIT ratio of 9.74 puts the P/E ratio of more than 14 (also see page 193) into perspective.

Advantages	**Disadvantages**
• Independent of form of financing • National tax rate does not have any impact • Offers a valuation of the operating result	• Costs of capital are not taken into account • Investment requirements are not borne out

7.14 Enterprise Value / EBITDA

Formel

$$\frac{\text{Enterprise Value}}{\text{EBITDA}}$$

Rechenbeispiel

$$\frac{14.142}{1.944} = \mathbf{7{,}27}$$

Erläuterung

Das EV / EBITDA stellt den Enterprise Value (Unternehmenswert) ins Verhältnis zum operativen Gewinn vor Steuern, Zinsen und Abschreibungen (EBITDA) eines Unternehmens. Diese Kennzahl beschreibt, wie oft der operative Ertrag im Unternehmenswert enthalten ist (in diesem Fall ca. sieben Mal). Ähnlich wie das EV / EBIT ist es dem klassischen KGV überlegen, da es neben unterschiedlichen Finanzierungsstrukturen und Steuerbelastungen auch die unterschiedlichen Abschreibungsmodalitäten eliminiert, wodurch Unternehmen international innerhalb der gleichen Branche verglichen werden können.

Vorteile	**Nachteile**
• Ermöglicht internationalen Vergleich • Hilfreich bei der Bewertung von Unternehmen, die noch keinen Gewinn generieren • Häufig verwendete Kennzahl von Finanzanalysten	• Kapitalkosten bleiben unberücksichtigt • Strategische Beteiligungen finden keine Berücksichtigung • Erlaubt keinerlei Rückschlüsse auf die Fähigkeiten eines Unternehmens, das notwendige Betriebsvermögen (Nettoumlaufvermögen) zu verwalten • Investitionserfordernisse finden keine Berücksichtigung

7.14 Enterprise value / EBITDA

Formula

$$\frac{\text{Enterprise value}}{\text{EBITDA}}$$

Sample calculation

$$\frac{14{,}142}{1{,}944} = \mathbf{7.27}$$

Explanation

EV/EBITDA is the ratio of a company's enterprise value to its operating earnings before interest, taxes, depreciation and amortization (EBITDA). This indicator shows how often the operating income is included in the company's value (in this case more than seven times). In a similar fashion to EV/EBIT this ratio is superior to the traditional P/E ratio, as it also eliminates the various write-down modalities in addition to various financing structures and taxes, which means that company's can be compared internationally within the same industry.

Advantages	Disadvantages
• Allows international comparisons • Helpful when valuing companies that do not yet generate any profits • Is a commonly used indicator among financial analysts	• Costs of capital are not taken into account • Strategic investments are not considered • Does not allow any conclusions to be drawn about a company's ability to manage the necessary operating assets (net current assets) • Investment requirements are not considered

7.15 Ausschüttungsquote

Formel

$$\frac{\text{Dividendenausschüttungen}}{\text{Jahresüberschuss}} \times 100\,\%$$

Rechenbeispiel

$$\frac{354}{882} \times 100\,\% = \mathbf{40{,}14\,\%}$$

Erläuterung

Die Ausschüttungsquote beschreibt, welcher Teil des Jahresüberschusses an die Aktionäre ausgeschüttet wird. Für den Jahresüberschuss ergeben sich nur zwei Möglichkeiten:

- er wird reinvestiert,
- er wird an die Aktionäre ausgeschüttet.

Die Ausschüttungsquote eines Unternehmens wird im Wesentlichen durch den Selbstfinanzierungsbedarf eines Unternehmens, durch die steuerliche Situation der Aktionäre und die Renditeforderung der Aktionäre beeinflusst. Je rentabler Unternehmen sind, desto höher sollte die Reinvestitionsquote und je niedriger die entsprechende Kennzahl sein. Im obigen Rechenbeispiel wird die Dividendenzahlung im Jahr 2 durch den Jahresüberschuss des vorherigen Jahres geteilt, da die Dividendenzahlungen hieraus resultieren.

Vorteile	Nachteile
• Zeigt den tatsächlichen Cash Return eines Investors	• Gewinne sind Voraussetzung
• Eine hohe Dividende kann der Sicherung eines Investments dienen	• Kann im Zeitablauf variieren
• Der verbleibende, einbehaltene Gewinn, lässt Rückschlüsse auf den zusätzlichen Finanzbedarf bei gegebenen Investitionserfordernissen zu	

7.15 Pay out ratio

Formula

$$\frac{\text{Dividends paid}}{\text{Net income}} \times 100\,\%$$

Sample calculation

$$\frac{354}{882} \times 100\,\% = \mathbf{40.14\,\%}$$

Explanation

The pay out ratio describes which portion of net income was distributed to shareholders. There are only two possibilities for net income:

- it is reinvested or,
- it is paid out to shareholders.

A company's pay out ratio is primarily influenced by a company's self-financing requirements, the shareholder's tax situation and the shareholder's yield requirements. The more profitable a company, the higher the reinvestment ratio should be and the lower the corresponding pay out ratio.

Advantages	Disadvantages
• Shows an investor's actual cash return	• Profits are a must
• A high pay out ratio can serve as collateral for an investment	• Can vary over time
• The amount of retained profits can be calculated using the pay out ratio, which in turn allows conclusions to be drawn about the additional financing requirements with the given investment requirements	

7.16 Dividende je Aktie

Formel

$$\frac{\text{Ausgeschüttete Dividenden}}{\text{Anzahl der ausstehenden Stammaktien}}$$

Rechenbeispiel

$$\frac{354}{354} = \mathbf{1{,}00}$$

Erläuterung

Die Dividende je Aktie berechnet sich durch die Summe der ausgeschütteten Dividenden (an Aktionäre, die Stammaktien halten), dividiert durch die Anzahl ausstehender Stammaktien. Dividenden werden entweder jährlich oder wie im angelsächsischen Raum auch üblich vierteljährlich ausgeschüttet. Am Tag der Ausschüttung wird die Dividende vom Aktienkurs abgezogen, und reflektiert damit die Rendite eines Aktieninvestments (vgl. auch Dividendenrendite S. 220). Vergleicht man die Dividende je Aktie mit dem aktuellen Aktienkurs, so lässt sich die relative Attraktivität im Vergleich zur Peer Group ermitteln.

Vorteile	Nachteile
• Dividende je Aktie dient als weiteres Kriterium, um die Attraktivität einer Aktie zu beurteilen • Dient dem Sicherheitsaspekt einer Aktienanlage	• Finanzierung der Dividende wird nicht berücksichtigt, d.h. geschieht dies aus dem laufenden Einkommen oder aus Gewinnrücklagen der vergangenen Jahre • Dividenden an sich verraten noch nichts über die Rendite • Dividenden können im Zeitverlauf stark schwanken

7.16 Dividend per share

Formula

$$\frac{\text{Total dividends paid}}{\text{Total common shares outstanding}}$$

Sample calculation

$$\frac{354}{354} = \mathbf{1.00}$$

Explanation

The dividend per share is calculated by dividing the total cash dividends paid to shareholders by the total primary shares outstanding. Dividends are either distributed to shareholders on a quarterly or annual basis. On the day of distribution the dividend is deducted from the share price and reflects the interest of a share investment (also see dividend yield on page 221). By comparing the dividend per share to its actual share price the interest can be compared to other peer group companies for evaluating a company's attractiveness.

Advantages	Disadvantages
• Dividend per share serves as an additional criteria for determining a company's attractiveness • Used for the security aspect of an investment	• Dividend financing is not taken into account, i.e. is it paid from net income or retained earnings • Dividends itself do not express a yield • Dividends can vary strongly over time

7.17 Dividendenrendite

Formel

$$\frac{\text{Dividende je Aktie}}{\text{Börsenkurs}} \times 100\,\%$$

Rechenbeispiel

$$\frac{1{,}00}{35{,}00} \times 100\,\% = \mathbf{2{,}86\,\%}$$

Erläuterung

Die Dividendenrendite ergibt sich aus der Dividende plus Steuergutschrift (im obigen Rechenbeispiel nicht berücksichtigt) im Verhältnis zum Börsenkurs. Sie drückt aus, wie hoch die effektive Verzinsung des in Aktien investierten Kapitals ist. Die Dividendenrendite hat für Investoren insbesondere im Vergleich zu anderen Anlageformen, wie z.B. Anleihen, eine wichtige Bedeutung. Für Investoren ist jedoch zu berücksichtigen, dass Dividendenausschüttungen im Gegensatz zu Couponzahlungen von Rentenpapieren wesentlich unsicherer sind. Gleichzeitig wird am Tag der Dividendenausschüttung die Dividende vom Börsenkurs der Aktie abgezogen, was im Zeitverlauf durch die Steigerung des Aktienkurses wieder aufgeholt werden muss.

Vorteile	**Nachteile**
• Die Dividendenrendite kann ggf. als zusätzliches Kriterium für die Attraktivität eines Unternehmens herangezogen werden • Dient der Bestimmung der relativen Attraktivität • Dient dem Sicherheitsaspekt einer Investition	• Die Finanzierung der Dividende bleibt unberücksichtigt • Ist nur ermittelbar, wenn Dividende bezahlt wird • Es gibt keine »optimale« Dividendenrendite • Rendite ist abhängig vom Kaufzeitpunkt des Investors

7.17 Dividend yield

Formula

$$\frac{\text{Dividend per share}}{\text{Share price}} \times 100\,\%$$

Sample calculation

$$\frac{1.00}{35.00} \times 100\,\% = \mathbf{2.86\,\%}$$

Explanation

The dividend yield is given by the ratio of dividend per share to the price per share. It shows the effective interest rate for the capital invested in shares. The dividend yield is particularly important, especially for comparisons with other forms of investment such as bonds. However, investors must take into account the fact that dividend payments are much less certain than coupon payments for bonds. At the same time the dividends are subtracted from the share price on the day the dividends are distributed, which must be compensated for over time by an increase in the share price.

Advantages	Disadvantages
• The dividend yield can also be used as an additional criterion for a company's attractiveness • Used to determine relative attractiveness • Used for the security aspect of an investment	• Dividend financing is not taken into account • Can only be calculated if dividends are paid • There is no "optimum" dividend yield • Individual investor's yield depends on the share price on purchase date

7.18 Beta

Formel

$$\frac{\text{Kovarianz der Aktie zum Vergleichswert V}}{(\text{Volatilität des Vergleichswerts V})^2}$$

Rechenbeispiel

Aufgrund der zahlreichen zu berücksichtigenden Faktoren wird auf ein Rechenbeispiel aus Vereinfachungsgründen an dieser Stelle verzichtet. Für die folgenden Rechenbeispiele wird ein Beta von 0,9 unterstellt.

Erläuterung

Das Beta misst die Schwankungsintensität (Volatilität) einer Aktie im Vergleich zu einem Index während eines bestimmten Zeitraums der Vergangenheit (z. B. 90 oder 200 Tage). Bei einem Beta von 0,9 würde sich im definierten Zeitraum der Wert einer Aktie um 9 % erhöhen, sofern der Index um 10 % steigt. Gleiches gilt entsprechend, sofern der Index fällt.
Je höher das Beta eines Unternehmens ist, desto höher ist folglich die Volatilität und damit das Risiko für einen Investor. Ziel der Investor Relations ist es unter anderem, dieses Beta durch zeitnahe und ausführliche Kommunikation möglichst gering zu halten. Das Beta wiederum hat wichtige Bedeutung für die Berechnung der Eigenkapitalkosten oder Optionsscheinprämien. Denn je höher die Kapitalkosten (vgl. WACC S. 228) eines Unternehmens sind, desto niedriger ist nach dem DCF-Modell der Unternehmenswert.

Vorteile	Nachteile
• Gilt als Risikomaßstab	• Vergangenheitsbezogen
• Das Beta wird häufig als Grundlage zur Berechnung der Eigenkapitalkosten (CAPM) genutzt	• Kann im Zeitablauf stark schwanken
	• Ist abhängig vom gewählten Zeithorizont

7.18 Beta

Formula

$$\frac{\text{Co-variance of share A to benchmark B}}{(\text{Volatility of benchmark B})^2}$$

Sample calculation

As a result of numerous factors to be considered for calculating beta, we have not included a sample calculation. A beta of 0.9 has been assumed for the following sample calculations.

Explanation

Beta measures a share's volatility compared to an index during a certain period in the past (e.g., 90 or 200 days). If beta is 0.9, the share price has increased by 9 % if the index increased by 10 % during this period. This also applies accordingly if the index falls.
The higher a company's beta, the higher the volatility and thus the risk for an investor. One of investor relations' aims is to keep beta as low as possible by up-to-the-minute, in-depth communication. Beta is, in turn, of key importance when calculating the costs of equity or option premiums. The higher the costs of capital (also see WACC page 229), the lower the company's value using the DCF method.

Advantages	Disadvantages
• Is regarded as a measure of risk	• Based on past figures
• Calculations for the costs of equity (CAPM) are often based on beta	• Can vary strongly over time
	• Depends on time horizon selected

7.19 Eigenkapitalkosten

Formel

Riskofreier Zinssatz + (Marktrisikoprämie × Beta)

Rechenbeispiel

4,50 % + (3,50 % × 0,9) = **7,65 %**

Erläuterung

Die Eigenkapitalkosten sind Grundlage für die Berechnungsmodelle (z. B. Discounted Cash Flow, Economic Value Added®) von Unternehmenswerten. Da Eigenkapital i. d. R. keine direkten Kosten verursacht, können Eigenkapitalkosten auch als kalkulatorische Opportunitätskosten betrachtet werden, d.h. es ist die Mindestrendite, die mit dem gleichen Kapital durch andere Investitionen hätte erwirtschaftet werden können.
Als risikofreier Zinssatz werden langfristige Staatsanleihen herangezogen (z.B. 10-jährige Euroland-Anleihe). Die Marktrisikoprämie ist die erwartete Zusatzrendite durch Investitionen in andere Anlageformen, wie z. B. Aktien. Die langfristige Aktienrendite liegt bei ca. 8 %, der risikofreie Zinssatz bei 4,5 %. Daher beträgt die durchschnittliche Marktrisikoprämie ca. 3,5 %. Dies multipliziert mit dem Beta zuzüglich dem risikofreien Zinssatz ergibt die Eigenkapitalkosten nach dem sogenannten Capital Asset Pricing Model (CAPM).

Vorteile	**Nachteile**
• Findet häufig Verwendung bei der Unternehmensbewertung	• Ein-Faktoren-Modell
• Komponenten sind einfach zu erklären	• Grundlage der Berechnung (Index) für die Marktrisikoprämie uneinheitlich
• Dient der Ermittlung der Gesamtkapitalkosten	• Beta ist vergangenheitsorientiert
	• Beta stark abhängig von zugrundegelegtem Zeitraum

7.19 Cost of equity

Formula

Risk-free interest rate + (Market risk premium × Beta)

Sample calculation

4.50% + (3.50% × 0.9) = **7.65%**

Explanation

The cost of equity forms the basis for various calculation models (e.g., discounted cash flow, economic value added®) when valuing companies. As equity generally does not generate any direct costs, the cost of equity may be regarded as imputed opportunity costs, i.e., it is the minimum return that could have been generated with the same capital by making other investments.

Long-term government bonds are taken to represent the risk-free interest rate (e.g., 10 Year Government Bond Euroland). The market risk premium is the anticipated additional return from other forms of investment, such as shares. The long-term share return is approx. 8.00%, the risk-free interest rate is approx. 4.50%. This means that the average market risk premium adds up to approx. 3.50%. Multiplying this figure with beta plus the risk-free interest rate provides the cost of equity according to the so-called capital asset pricing model (CAPM).

Advantages	Disadvantages
• Is often used in valuing companies • Components are simple to explain • Used for calculating the total costs of capital	• A one-factor-model • Basis for calculations (index) is not uniform for the market risk premium • Beta is based on the past • Beta depends strongly on the underlying period

7.20 Fremdkapitalkosten

Formel

(Riskofreier Zinssatz + Corporate Bond Spread) × (1 – Steuerquote)

oder (sofern kein Rating vorhanden ist):

$$\frac{\sum (\text{Kreditsumme x Zinssatz})}{\sum \text{Gesamtkredite}} \times (1 - \text{Steuerquote})$$

Rechenbeispiel

$$(4{,}50\,\% + 0{,}30\,\%) \times \left(1 - \frac{594}{1.497}\right) = \mathbf{2{,}90\,\%}$$

Erläuterung

Für die Berechnung der Fremdkapitalkosten gibt es zwei Ansätze:
Sofern ein Unternehmen ein Rating besitzt, kalkulieren Analysten für die Errechnung der Fremdkapitalkosten den risikofreien Zinssatz (im Euroraum zumeist 10-jährige Euroland-Anleihe, in den USA 10-jährige Treasuries) plus den Corporate Bond Spread (Risikozuschlag für Unternehmensanleihen), der sich aus dem Rating ableitet und sich in Abhängigkeit des Marktumfelds täglich verändert.
Die Fremdkapitalkosten können jedoch auch auf anderem Weg ermittelt werden. Hierfür werden die einzelnen Kreditsummen mit dem jeweiligen Zinssatz multipliziert und durch die Gesamtkreditsumme geteilt. Hieraus ergibt sich der gewichtete Fremdkapitalkostensatz. Zu beachten ist bei beiden Rechenwegen der Steuereffekt (Fremdkapitalkosten sind gewinnmindernd und damit steuerentlastend).

Vorteile	Nachteile
• Steuereffekt findet Berücksichtigung • Kann als Bestandteil zur Berechnung der Gesamtkosten dienen • Die tatsächlichen Fremdkapitalkosten finden Berücksichtigung	• Schwer zu ermitteln, sofern kein Rating vorhanden ist • Die jeweiligen Zinssätze der einzelnen Kreditsummen sind nicht verfügbar • Finanzrisiko des Unternehmens spiegelt sich nur sehr ungenau in dieser Zahl wider

7.20 Cost of debt

Formula

(Risk-free interest rate + Corporate bond spread) × (1 – Tax rate)

or (if no rating is available):

$$\frac{\sum \text{(Long term debt} \times \text{Interest rate)}}{\sum \text{Long term debt}} \times (1 - \text{Tax rate})$$

Sample calculation

$$(4.50\,\% + 0.30\,\%) \times \left(1 - \frac{594}{1{,}497}\right) = \mathbf{2.90\,\%}$$

Explanation

Two methods are used to calculate costs of debt:
If a company has a rating, to calculate the costs of debt analysts calculate the risk-free interest rate (in the Euro-zone generally, for example, the 10 Year Government Bond Euroland, in the US the 10 Year Treasuries) plus the corporate bond spread (risk premium for company bonds), which is derived from the rating and which changes daily depending on the market environment.
However, the costs of debt can also be calculated using an alternate method. For this purpose, the individual credit totals are multiplied by the respective interest rate and divided by total credit. This shows the weighted borrowing rate. For both calculations we must consider the tax effect (interest payments reduce profit and thus reduce taxation).

Advantages	Disadvantages
• Tax effect taken into account • Can be a component of calculations for total costs • The actual costs of debt are taken into account	• Hard to calculate if no rating is available • The respective interest rates for individual credits are not available • Company's financial risk is reflected only very imprecisely by this figure

7.21 Gewichteter Kapitalkostensatz (WACC)

Formel

$$\left(\frac{\text{Eigenkapital}}{\text{Eigenkapital} + \text{Zinstragendes Fremdkapital}} \times \text{Eigenkapitalkosten}\right)$$

$$+\left(\frac{\text{Zinstragendes Fremdkapital}}{\text{Eigenkapital} + \text{Zinstragendes Fremdkapital}} \times \text{Fremdkapitalkosten}\right)$$

Rechenbeispiel

$$\left(\frac{5.493}{5.493 + 1.896} \times 7{,}65\,\%\right)$$

$$+\left(\frac{1.896}{5.493 + 1.896} \times 2{,}90\,\%\right) = \mathbf{6{,}43\,\%}$$

Erläuterung

Der gewichtete Kapitalkostensatz WACC (Weighted Average Cost of Capital) ist der am Kapitalmarkt meist verbreitetste Abzinsungsfaktor für die Berechnung des Unternehmenswertes. Für die richtige Gewichtung der Kapitalkosten wird üblicherweise nur das zinstragende Fremdkapital (d.h. keine Rückstellungen) und das bilanzielle Eigenkapital (alternativ: die Marktkapitalisierung) verwendet.
Sowohl im Discounted Cash Flow Verfahren als auch im EVA®-Modell hat der WACC wesentlichen Einfluss auf die Unternehmensbewertung. Gewöhnlich liegt der Kapitalkostensatz WACC zwischen 5 und 10 %, je nach Kapitalstruktur und Branchenzugehörigkeit. Bei Wachstumsunternehmen kann aufgrund der höheren Risikoprämie der WACC auch 10 % übersteigen.

Vorteile	Nachteile
• Dient als Abzinsungsfaktor für die Unternehmensbewertung • Stellt eine Mindestrendite auf das investierte Kapital (vgl. ROIC) dar • Überkommt Nachteile, die mit der alleinigen Betrachtung von Zinsaufwendungen einhergeht	• Vergangenheitsorientierte Kennzahl • Keine einheitliche Berechnung • Häufig manipulierte Kennzahl

7.21 Weighted average cost of capital (WACC)

Formula

$$\left(\frac{\text{Total equity}}{\text{Total equity + Interest-bearing debt}} \text{ x Cost of equity}\right)$$
$$+ \left(\frac{\text{Interest-bearing debt}}{\text{Total equity + Interest-bearing debt}} \text{ x Cost of debt}\right)$$

Sample calculation

$$\left(\frac{5{,}493}{5{,}493 + 1{,}896} \times 7.65\,\%\right)$$
$$+ \left(\frac{1{,}896}{5{,}493 + 1{,}896} \times 2.90\,\%\right) = \mathbf{6.43\,\%}$$

Explanation

WACC (Weighted average cost of capital) is the most wide-spread discount factor on the capital markets used to calculate a company's value. In order to weight the capital costs correctly, as a rule only the interest-bearing liabilities (i.e., no provisions) and the balance sheet equity (alternatively: market capitalization) are used.

WACC has a material impact on the company's value in both the discounted cash flow method as well as in the EVA® model. As a rule, WACC is between 5 % and 10 % according to capital structure and industry. In the case of high-growth companies, the higher risk premium can mean that WACC is higher than 10 %.

Advantages	Disadvantages
• Used as a discount factor in company valuations • Shows minimum return on capital invested (cf. ROIC) • Overcomes disadvantages that are inherent in solely examining interest expense	• Indicator oriented towards the past • No uniform method of calculation • Indicator often manipulated

7.22 Discounted Cash Flow-Methode (DCF)

Formel

$$\sum_{t=1}^{n} \frac{\text{Free Cash Flow}_t}{(1 + \text{WACC})^t} + \frac{\text{Restwert}_n}{(1 + i)^n}$$

Rechenbeispiel

$$\frac{851,40}{(1 + 0,0643)} + \frac{936,54}{(1 + 0,0643)^2} + \frac{1030,19}{(1 + 0,0643)^3} + \frac{1.133,21}{(1 + 0,0643)^4}$$

$$+ \frac{1.246,53}{(1 + 0,0643)^5} + \frac{\frac{1.246,53}{0,0643}}{(1 + 0,0643)^5} = 4.277,29 + 14.196,18 = \mathbf{18.473,47}$$

Erläuterung

Beim Discounted Cash Flow Verfahren wird der aktuelle Unternehmenswert ermittelt, indem die Barwerte der Kapitalzuflüsse der kommenden Jahre addiert werden. Im vereinfachten Modell werden die Free Cash Flows der zukünftigen fünf Jahre explizit geschätzt und abgezinst (hier: 10 % Wachstum p.a., Ausgangsbasis Free Cash Flow des zweiten Jahres, vgl. S. 84). Zur Ermittlung des Restwerts werden konstante Kapitalzuflüsse (ohne weiteres Wachstum) für alle weiteren Jahre unterstellt und ebenfalls abgezinst. Die Summe aus abgezinsten Cash Flows und Restwert führt dann zum Unternehmenswert. Der Marktwert des Eigenkapitals ergibt sich, indem vom errechneten Unternehmenswert noch der Marktwert des Fremdkapitals abgezogen wird. Problematisch bei der DCF-Methode ist die Schätzung der zukünftigen Cash Flows und die richtige Auswahl des Abzinsungsfaktors (in der Regel der sog. WACC).

Vorteile	Nachteile
• Dient der Unternehmensbewertung • Überkommt Nachteile, die mit der reinen Betrachtung von Multiples einhergeht • Sehr variables Unternehmensbewertungskonzept	• Sehr komplex • Der Restwert hat nachhaltigen Einfluss auf den Gesamtwert des Unternehmens • Unternehmenswert ist leicht durch Manipulation (oder Fehlschätzung) der Kapitalkosten schwerwiegend beeinflussbar

7.22 Discounted cash flow method (DCF)

Formula

$$\sum_{t=1}^{n} \frac{\text{Free cash flow}_t}{(1 + \text{WACC})^t} + \frac{\text{Terminal value}_n}{(1 + i)^n}$$

Sample calculation

$$\frac{851.40}{(1 + 0.0643)} + \frac{936.54}{(1+0.0643)^2} + \frac{1{,}030.19}{(1 + 0.0643)^3} + \frac{1{,}133.21}{(1 + 0.0643)^4}$$

$$+ \frac{1{,}246.53}{(1 + 0.0643)^5} + \frac{\frac{1{,}246.53}{0.0643}}{(1 + 0.0643)^5} = 4{,}277.29 + 14{,}196.18 = \mathbf{18{,}473.47}$$

Explanation

The discounted cash flow method calculates the current value of the company by adding the present values of cash flows from coming years. In the simplified model, the free cash flows for the coming years are explicitly estimated and discounted (here: 10 % increase in annual free cash flow based on year 2, cf. page 85). In order to calculate the terminal value, constant cash flows (without further growth) are assumed for all further years and these are also discounted. The sum of the discounted cash flows and the terminal value then results in the company's value. For calculating the equity value the market value of debt capital needs to be deducted. A problem in the DCF method is estimating the future cash flows and correct selection of the discount factor (as a rule the so-called WACC).

Advantages	**Disadvantages**
• Used for company valuations	• Very complex
• Overcomes disadvantages that are inherent in purely observing multiples	• The terminal value has a sustained influence on the total value of the company
• Highly variable corporate valuation concept	• Company value can be easily impacted by manipulation (or incorrect estimates) of the capital costs

7.23 Economic Value Added (EVA®)

Formel

(ROIC – WACC) × Investiertes Kapital

Rechenbeispiel

(11,52 % – 6,43 %) × 7.389 = **376,10**

Erläuterung

Der Economic Value Added (EVA®) basiert auf dem Ansatz, dass ein Unternehmen nur dann Wert für den Investor generiert, wenn die Rendite auf das eingesetzte Kapital (ROIC) die zugrunde liegenden Kapitalkosten (WACC) eines Unternehmens übersteigt. Diese Überrendite multipliziert mit dem investierten Kapital führt zur jährlichen Wertsteigerung bzw. Wertvernichtung eines Unternehmens. Im obigen Beispiel wäre das EVA® mit 376,1 Mio. positiv, was sich ceteris paribus im Zeitverlauf in einer Steigerung der Marktkapitalisierung um diesen Wert widerspiegeln sollte.
Der EVA® sollte stets zusätzlich zu der reinen Betrachtung der Cash Flows herangezogen werden, denn obwohl ein Unternehmen positive Cash Flows generiert, kann es trotzdem Wert vernichten und einen negativen EVA® besitzen.

Vorteile	**Nachteile**
• Im Gegensatz zum Cash Flow kann selbst auf jährlicher Basis die Wertgenerierung bzw. Wertzerstörung eines Unternehmens ermittelt werden • Überkommt traditionelle Probleme der Multiple-Bewertung	• Vielzahl von Adjustierungen möglich • Nicht sinnvoll in einem Umfeld mit hohen inflationären Tendenzen • EVA® sollte im Zeitablauf Beachtung finden • Beteiligungen, die ggf. aus operativen Überlegungen getätigt wurden, aber nicht vollkonsolidiert werden, finden ggf. keine Berücksichtigung

7.23 Economic value added (EVA®)

Formula

(ROIC – WACC) × Invested capital

Sample calculation

(11.52 % – 6.43 %) × 7,389 = **376.10**

Explanation

Economic value added (EVA®) is based on the idea that a company only generates value for investors if the return on invested capital exceeds the company's underlying capital costs. This excess return multiplied with the invested capital shows the annual increase or decrease in value of a company. In the above example, the EVA® in year 2 would be 376.10 million, which ceteris paribus should be reflected in an increase in market capitalization by this amount over time.
EVA® should always be used together with a pure observation of the cash flow, because although a company generates positive cash flows, it may still be destroying value and have a negative EVA®.

Advantages	Disadvantages
• In contrast to the cash flow, a company's value generation or destruction can be calculated on an annual basis • Overcomes traditional problems with multiples valuation	• Large number of adjustments possible • Not reasonable in an environment with high inflation tendencies • EVA® should always be considered over time • It is possible that participating interests that may have been acquired from an operational perspective, but which are not fully consolidated are not taken into account

7.24 Market Value Added (MVA)

Formel

$$\sum_{t=1}^{t=\infty} \frac{EVA_t}{(1 + WACC)^t}$$

MVA = Enterprise Value – (Eigenkapital + Langfristiges Fremdkapital)

Rechenbeispiel

14.142 – (5.493 + 1.140 + 288) = **7.221**

Erläuterung

Der Market Value Added entspricht der Differenz aus dem aktuellen Wert des Unternehmens (Enterprise Value oder auch alternativ Marktkapitalisierung zuzüglich der Nettoverschuldung) und dem bilanziellen Wert des langfristigen Kapitals. Somit drückt der Market Value Added den Betrag aus, den der Markt bereit ist, zusätzlich zu dem zur Verfügung stehenden bilanziellen Kapital zu bezahlen. Der MVA entspricht daher auch der Summe der abgezinsten zukünftigen, jährlichen EVA's®.
Die Kennzahl zeigt somit den kumulierten Betrag, um den das Unternehmen bzw. das Management den Aktionärswert gesteigert hat.

Vorteile	**Nachteile**
• Internationale und branchenübergreifende Vergleichbarkeit	• MVA ist nur für börsennotierte Gesellschaften geeignet
• Bewertungsmaßstab für Managementleistung	• MVA ist abhängig vom Gesamtmarkt

7.24 Market value added (MVA)

Formula

$$\sum_{t=1}^{t=\infty} \frac{EVA_t}{(1 + WACC)^t}$$

MVA = Enterprise value – (Total equity + Total long-term debt & liabilities)

Sample calculation

14,142 – (5,493 + 1,140 + 288) = **7,221**

Explanation

Market value added corresponds to the difference between the current value of the company (enterprise value or, alternatively, market capitalization plus net debt) and the balance sheet value of the long-term capital. As a result, market value added shows the amount that the market is prepared to pay over and above the available balance sheet capital. This means that MVA corresponds to the sum of the discounted current annual EVAs®.
This indicator thus shows the accumulated amount by which the company or the management has increased the shareholder value over time.

Advantages	**Disadvantages**
• International, cross-industry comparability	• MVA is only suitable for listed companies
• Attaches a value to management performance	• MVA depends on the total market

Stichwortverzeichnis/ Index

Stichwortverzeichnis

Stichwortverzeichnis

Index

Index

Literatur

Benzel, W. und Wolz, E.	»Bilanzanalyse für Aktionäre«, 2. Auflage, Walhalla Fachverlag, Regensburg/Berlin, 2000
Bussiek, J., Fraling, R. und Hesse, K.	»Unternehmensanalyse mit Kennzahlen«, Gabler-Verlag, Wiesbaden, 1993
DATEV eG	»Tabellen und Informationen für den steuerlichen Berater«, DATEV eG Nürnberg, 2003
Deutsches Steuerberater-institut e.V.	»Steuerberater Handbuch 2002/03«, Stollfuß Verlag, Bonn, 2002
Gabler	»Gabler Wirtschafts-Lexikon«, 14. Auflage, Gabler Verlag, Wiesbaden, 1997
Kruschwitz, L.	»Investitionsrechnung«, 9. Auflage, Oldenbourg Verlag, München, 2003
Knief, P.	»Steuerberater und Wirtschaftsprüfer Jahrbuch 2003«, 21. Auflage, Deutscher Sparkassen Verlag GmbH, Stuttgart, 2002
Olfert, K.	»Finanzierung«, 8. Auflage, Kiehl Verlag, Ludwigshafen, 1994
Olfert, K.	»Investition«, 9. Auflage, Kiehl Verlag, Ludwigshafen, 2003
Onlinequelle	www.ifrs-portal.com, Februar 2005
Ossola-Haring, C.	»Das große Handbuch Kennzahlen zur Unternehmensführung«, Verlag Moderne Industrie, Landsberg/Lech, 1999
Perridon, L. und Steiner, M.	»Finanzwirtschaft der Unternehmung«, 10. Auflage, Verlag Vahlen, München, 1999
Siegwart, H.	»Kennzahlen für die Unternehmensführung«, 6. Auflage, Verlag Paul Haupt, Bern, 2002
Wöhe, G.	»Einführung in die Betriebswirtschaftslehre«, 18. Auflage, Verlag Vahlen, München, 1993

EVA® is a registered trademark of Stern Stewart & Co.

Impressum / Imprint

© cometis publishing GmbH & Co. KG
Unter den Eichen 7, 65195 Wiesbaden, Germany
Alle Rechte vorbehalten.

5. Auflage 2010 / 5th edition 2010

Konzeption / Concept:

Michael Diegelmann
Ulrich Wiehle
Michael Rolf

Autoren / Authors:

Ulrich Wiehle
Michael Diegelmann
Henryk Deter
Dr. Peter Noel Schömig
Michael Rolf

Cover:

cometis publishing GmbH & Co. KG

Projektleitung / Project Management:

Ulrich Wiehle

Verantwortlich / Responsible:

cometis publishing GmbH & Co. KG
Unter den Eichen 7
65195 Wiesbaden

Tel.: +49 (0)611 205855-0
Fax: +49 (0)611 205855-66

Mail: info@cometis.de
www.cometis.de
www.cometis-publishing.de

Leseproben / Extracts

Funds from Operations – FFO

Formel		Rechenbeispiel
	Jahresüberschuss (Konzernergebnis)	200,67 Mio. €
+	Abschreibungen	3,8 Mio. €
+/–	Bewertungsergebnis der Immobilien	– 114,67 Mio. €
+/–	Veräußerungserlöse bzw. -verluste	– 91,87 Mio. €
+/–	Ergebnis aus der Bewertung derivativer Finanzinstrumente	0 Mio. €
=	FFO	–2,07 Mio. €

Erläuterung

FFO ist eine wichtige Kennzahl zur Ermittlung des tatsächlich ausschüttungsfähigen Gewinns einer Immobilien-AG. Zur Ermittlung wird der ermittelte Jahresüberschuss um die Abschreibungskosten für Immobilien bereinigt. Auch Immobilienveräußerungserlöse und -verluste werden in der Regel aus dem Reineinkommen herausgerechnet. Heraus kommt ein Maß für die betriebliche Leistung einer Immobilien-AG, FFO genannt.

Ein Problem mit dieser einfachen FFO-Definition liegt in der fehlenden Berücksichtigung echter Wertminderungen in den Immobilienbeständen. Regelmäßige Investitionen, die lediglich dem Erhalt der Vermietbarkeit dienen, werden meist kapitalisiert und abgeschrieben. Auch dieser Kapitalaufwand muss deshalb aus dem FFO herausgerechnet werden, um die Profitabilität einer Immobilien-AG beurteilen zu können. Die Mittel aus der laufenden Geschäftstätigkeit bilden schließlich die Grundlage für die Ausschüttungen einer Immobilien-AG.

Vorteile	Nachteile
• Zeigt Stärke und Qualität des operativen Geschäfts an • Im Unterschied zum EBITDA (vgl. Seite 134) wird das Kerngeschäft einer Immobilien-AG, die Vermietungstätigkeit, transparenter herausgearbeitet • Erlaubt Ausblick auf das zukünftige Wachstum des Kerngeschäfts sowie die Fähigkeit, den Anteil stabiler, wiederkehrender Erträge am Gesamtergebnis zu erhöhen	• Fehlende Berücksichtigung echter Wertminderungen in Immobilienbeständen • Manipulierbarkeit durch Anwendung unterschiedlicher Buchhaltungsstandards

Leseprobe: 100 Versicherungskennzahlen

Combined Ratio

Formel

$$\frac{\text{Zahlungen für Schäden + Verwaltungskosten + Abschlusskosten}}{\text{Nettoprämien}} \times 100\,\%$$

Rechenbeispiel (T3)

$$\frac{700 \text{ Mio. €} + 100 \text{ Mio. €} + 180 \text{ Mio. €}}{1.000 \text{ Mio. €}} \times 100\,\% = 98\,\%$$

Erläuterung

Die Combined Ratio, d. h. die kombinierte Schaden-/Kostenquote, ist eine der wichtigsten Kennziffern im Bereich der Schaden- und Unfallversicherung. Sie setzt die Ausgaben für Schäden, Vertrieb und Verwaltung in ein Verhältnis zu den eingenommenen Nettoprämien. Eine Combined Ratio unter 100 % bedeutet, dass eine Versicherung versicherungstechnische Gewinne erzielt, also auch ohne Investmenterträge profitabel arbeitet. Combined Ratios von über 100 % deuten hingegen auf ein sogenanntes Cashflow Underwriting hin, d. h., die Profitabilität einer Versicherung beruht nur auf den durch die Prämieneinnahmen generierten Kapitalerträgen.

Wie oben beschrieben, wird die Combined Ratio in der Regel auf Basis der Nettoprämien kalkuliert, d. h. nach Berücksichtigung der eigenen Rückversicherung. Vereinzelt wird auch die Combined Ratio auf Basis der Bruttoprämien, also vor Rückversicherung, angegeben; die Aussagekraft dieser Angabe ist aber begrenzt, da auf Bruttobasis der Anteil für eigene Rechnung nicht erkennbar ist.

Vorteile	Nachteile
• Die bedeutendste Kennziffer für Sachversicherungen • Der Ausschluss von Kapitalerträgen ermöglicht eine Beurteilung der Profitabilität des Kerngeschäftes (Versicherungsrisiken) von Sachversicherungen	• Keine einheitliche Definition, welche Kosten in die Combined Ratio einfließen • Keine zeitliche Abgrenzung bezüglich der Schadenfälle; erschwert die Interpretation über einen längeren Zeitraum

Leseprobe: 100 Medienkennzahlen

Tausendkontaktpreis

Formel

$$\frac{\text{Preis einer Werbemaßnahme}}{\text{Bruttoreichweite}} \times 1.000$$

Rechenbeispiel (T15)

$$\frac{2{,}2 \text{ Mio. €}}{112{,}0 \text{ Mio.} + 18{,}0 \text{ Mio.} + 1{,}9 \text{ Mio.}} \times 1.000 = 16{,}68 \text{ €}$$

Erläuterung
Der Tausendkontaktpreis (TKP), auch Tausenderpreis genannt (engl. Cost Per Mille/CPM), gibt die Kosten an, die bei einer Werbemaßnahme anfallen, um 1.000 Personen einer Zielgruppe innerhalb eines bestimmten Zeitraums zu erreichen. Dabei wird üblicherweise von Nettopreisen, nach Abzug von Discounts bzw. Rabatten, und von der Bruttoreichweite eines Werbeträgers ausgegangen, bei der auch Mehrfachkontakte einer Person mitgerechnet werden. Mit seiner Hilfe beurteilt der Werbekunde die Wirtschaftlichkeit seiner Werbezeitenallokation, indem er bei der Mediabudgetplanung das Preis-Leistungs-Verhältnis unterschiedlicher Werbeträger ermittelt. Einerseits stellt ein Werbeträger mit niedrigerem TKP das kosteneffizientere Angebot dar, andererseits ist der zu bezahlende TKP für die Werbebuchung in der Regel umso höher, je größer die Zielgruppenaffinität ist. Allerdings spielt es bei der Berechnung keine Rolle, ob 1 Person tausendmal oder 1.000 Personen einmal erreicht wurden.

Ein TKP von 16,68 € im genannten Beispiel bedeutet, dass ein Werbebuchender 16,68 € dafür bezahlt, 1.000 Kontakte beim Werbevermarkter zu erhalten. In der Realität sind die TKP im Rundfunk am günstigsten, gefolgt von Zeitschriften und vom Fernsehen; hohe TKP weisen Tageszeitungen und das Kino auf, die Direktwerbung ist der mit Abstand teuerste Werbeweg.

Vorteile	Nachteile
• Standardkennzahl für die Messung der Wirtschaftlichkeit eines Werbemittels • Von internen und externen Überschneidungen unabhängig	• Plangrößenbetrachtung, von der der tatsächliche TKP abweichen kann • Keine Berücksichtigung der Nettokontakte